三民叢刊253

與書同在

韓秀著

三民書局印行

書蟲的浪漫情懷

韓秀

對書蟲來說，有沒有書可以讀是攸關生死的頭等大事，那不是我要討論的。我只想說說書蟲們的心情，痛苦與快樂，這個比較輕柔的題目。

書海無涯，一隻小小的書蟲，一生一世不眠不休也啃不完多少書。然而就在那些有限的書裡，就有那麼一些會讓書蟲們心緒久久難平，掩卷之時難抑與人分享的迫切心情，急急鋪開紙筆，把那些已經到了舌尖上的讀書心得寫下來，期待更多人也對這本書產生興趣，去找來讀上一讀。

然而，「書評難以出線」是近年來飛速發展之臺灣傳媒的常態。除了重量級評家可以在副刊和文學雜誌上長篇大論以外，讀書人被告知，若寫書評文長請勿超過三百字，評論對象以三個月內出版新書為最佳。否則「書已經要下架，或者已經下架了，還評個什麼勁兒？」

聽了編輯老爺的話，書蟲們難掩沮喪和傷心。三百字，那只是廣告而已吧，如何對得起嘔心瀝血的原作者？至於新書，沒有讀過的書就是新書，讀過的書依然可以溫故而知新。「迅速上下架」只是一種奇怪的社會現象，與書的質量並沒有直接的關係。碰了釘子的書蟲們雖然悶悶不樂，但是他們都是冥頑不靈的愛書人，於是像唐‧吉訶德挑戰風車一樣，奮勇向前，壯著膽子寄出不受歡迎之稿。文稿被一壓數月或是一退再退，或是變成了講稿的一部分，或是變成了和青年讀者閑談的資料，或是一削再削，終於上氣不接下氣地見了報，都阻擋不住書蟲們屢敗屢戰的勇氣與熱情。

當然快樂的日子也是有的，編輯老爺正好也是書蟲的時候，那些引頸等待的讀書報告就有了問世的機會。在書展或書店裡茫然四顧的年輕人也就多少有了一些可供參考的文字資料。

幸福的時刻終於到了，千禧年的晚春，一個豔陽高照的好日子，中央日報副刊主編林黛嫚小姐約我寫一個「談書」的專欄。我有點不敢相信地小聲問道：「妳給我多大的地盤兒？」她微笑，「兩千字。」天哪，簡直無法置信。反覆問清楚了，放下了一半的心，又提出一個問題，「妳是不是只要剛剛出版的新書呢？」「任何中文書都可以，由外文翻譯成中文的也沒有問題，絕版書也可以……，重點是要讓讀者知道世界上有這樣一本書。」於是另外一半心也放下了。

3 懷情漫浪的蟲書

那時候我真正是「歸心似箭」，恨不能一步邁回我的書房，在心愛的書裡抽出一本，趕快寫將起來，內心深處實在擔心著，萬一黛嫚改了主意……。寫稿的工作卻是在飛機上就開始了，我的隨身行李都是在臺北買的書，每一本都精彩萬分。飛行近二十小時，書已經選定，腹稿已經就緒。書海上那一艘小船已經揚起風帆，鼓浪前進。

「我讀故我在」這個讀書專欄的標題是由中副主編確定的，一語道出，不讀書不只是語言無味、面目可憎的問題，而是失去生活意義的根本大事，傳遞了書蟲們的心聲。

機緣可貴，我格外用心。每兩週從剛剛讀過或重讀過的五、六本書裡精挑細選出一本（或一套），將鼓蕩在心扉間的萬千思緒整理出一篇條理清晰、有相當吸引力的兩千字文，工整書寫，寄往臺北。整整十五個月，不但未曾間斷，主編抽屜裡有時候「尚有存貨」。

「讀書報告」刊出近一年，我和黛嫚又在臺北見面，那時候，「我讀故我在」專欄在讀者、愛書人、出版家、藝術家、發行機構以及傳媒界已經有了一些影響和反應。黛嫚心情非常愉快地向我提出一個問題，「奇怪，邀妳為報刊寫稿的朋友怎麼沒有想到請妳寫讀書的題目？」一向伶牙俐齒辯才無礙，這一回卻是搖頭又點頭，報以憨笑而已。

與書同在　目次

慚愧一下

五月初回臺，年輕的朋友說：「你前幾次來臺，我們忙得沒時間陪你。這次呢，公司關門。猛地一下，有了時間，可以陪你。你要去哪裡？」自然是書店。

手裡的書越來越重，朋友心事重重拉個小車跟著我，趁便也找幾本想看的書。看他一臉愁雲，心裡不忍，遂問他：「擔心工作？」他搖頭：「倒也不是。沒時間的時候，見縫插針讀一點文學類，有了一點時間就想一本書可以看了再看，咀嚼再三，且受益無窮。放眼望去，書山書海，卻不知那本書在哪裡？」

我馬上遞給他一本書——《展卷》，爾雅二〇〇〇年出版，作者是莊信正。

朋友小心翼翼翻閱著目錄，抬頭問我：「這是一本什麼樣的書？」我回答他：「這是一位專業讀書人送給讀者的最佳禮物。」

「世間真有專業讀書人？」朋友驚問。

「有。其中最可信賴的就是這位莊博士。」

莊先生「愛書成癖，往往家徒四壁，四壁卻有書架。」現代人將酒櫃換成書櫃已然是一件壯舉。家徒四壁的專業讀書人卻坐擁書城且樂在其中。讀書無止境，想想書海無涯，唯一的憾事不過是時間不夠用。念及四月份接到莊先生的信，說是近來買了些古書（希臘、羅馬），竟後悔年輕時沒有學拉丁文！

看我面帶微笑，朋友好奇地問，「你大概是想到書中的精彩處了，可不可以說來聽聽？」

我就翻開卷九〈結與環〉那篇，莊先生開篇時先引莎翁名句，提出了戈爾迪結，然後講這個古老的「農夫變國王」的故事，戈爾迪由於神的指引而成了國王，卻不忘帶給自己好運氣的牛軛，用一個不可解的結將其牢牢地和牛車拴在一起放進神廟。日後，人們傳說誰能解此結誰就會成為小亞細亞的統治者。亞歷山大大帝揮師東進途中來到此地，一劍劈斷了繩結……

莊先生結論——

「戈爾迪結」（英文 Gordian Knot）指難以解決的夾纏棘手的問題。「割斷戈爾迪結」指斬釘截鐵地解決難題，也就是快刀斬亂麻。這兩個詞歐美各語文中很常見；前者在莎氏樂府中出現過兩次。

朋友驚問：「莊先生通多少種語文？」又問：「不把莎翁樂府通讀、細讀過，怎知一個詞彙在其中出現過兩次而不是一次或三次？」

況且，莊先生不是從網路上去捕捉一些並不可靠的訊息，而是依靠自己長時間深入而廣泛的閱讀所積累出的知識和智慧。大量的、多種語文的閱讀之後，才能毫不含糊地提出上述的結論。

這篇千字文的貢獻遠不止此，莊先生又展開橫向比較的技巧，講一個戰國時代的故事，戰亂中，齊國太子易服更名到一太史家作傭工，太史女兒看他有大貴之相，以身相許。日後，齊國恢復，太子成為齊襄王，那太史女兒成了王后。丈夫死後，王后主政，秦王找她麻煩，送來一串玉連環，要她解，她一錘將其擊碎，回說：「謹以解矣。」

莊先生又作結論：「戈爾迪結事實上是解不開的」，玉連環更「無結可解」，後人指摘亞歷山大大帝「缺少技巧、耐心和能力」，竟揮劍劈斷繩結。莊先生卻直接指出大帝「一刀兩斷的動作不但表現了急智，也透露出叱吒風雲的氣概。」

而且，「巴爾扎克則譽為天才之舉。」

朋友深吸一口氣。然而，莊先生還有下文，指出齊王后「當機立斷」，「更是天才之舉」，「可惜她的故事連中國人都不大知道，而戈爾迪結在西方從古到今始終有名，該是因人而貴，也要歸功於普魯塔克的名著。」（註）

因「人」而貴，自是因亞歷山大大帝而貴。戈爾迪結大大地有名，但普魯塔克的名篇又是什麼呢？

朋友自言自語。

想了一下，他神情開朗起來，「這篇千字文真是寶山一座。開篇引了莎士比亞的《亨利五世》，然後談及馬其頓人亞歷山大大帝、巴爾扎克，以及普魯塔克；小說，歷史，野史，傳說，戲劇，由西向東又由東向西。這是怎樣內涵豐富的千字文啊！」

可是，這樣的千字文竟有五十篇之多！每一篇中引出的讀書「線索」真正是五花八門。一篇〈結與環〉開列出的書單不僅有西方名著，更引發讀者回頭再看《史記》、《戰國策》。

年輕的朋友捧著這本不足兩百頁，標價一百七十元新臺幣的大書不忍釋手。我卻覺得書名尤其好。

展卷，一展之下，何止千百種經典跳將出來。一展之下，愛書成癖的專業讀書人莊信正博士讀書的廣度和深度一再地突現，令人欽敬。

再看最後一頁，爾雅主人苦口婆心告訴我們：

書店實施「零庫存」，各出版社的新書又書山書海，書店無法不保證斷貨，如果在書店找不到某一本你想購買的書，還有以下方法……

向書店訂購、打電話、郵購、上網、傳真。爾雅甚至「專人送書」，甚至出版書目、書訊。

我的朋友沒有多話，只是取了六本《展卷》，放上收銀臺。

不需我問，他坦然相告：「莊先生讀了這許多書，還說『平生的一大憾事是讀書不夠多』，看他這樣寫，我慚愧死了。多買幾本，讓朋友們都慚愧一下。」

註：普魯塔克（Plutarch，公元約四五至一二五年），希臘傳記作家及散文家。晚年曾在德爾斐擔任阿波羅神殿祭司。其生平、著作，請參閱三民書局《大辭典》第四〇九〇頁「蒲魯塔克」條。

書　名：展卷
作　者：莊信正
出版社：爾雅
出版年代：2000

「回家」的遐想

春雨綿綿的日子，我常縮在書房窗前的安樂椅裡，重溫一些讀之再三仍然動人的好小說。窗外雨聲沙沙，窗內人間悲歡離合在書頁之間掀動波瀾，浮想連翩，不知何時風停雨歇。

琦君的小說淺白而深刻，筆下人物注入了作者的深情，面目清晰。讀者看琦君小說，永遠沒有「讀不懂」的疑惑。但是，從琦君「好心好意」的述說中，讀者卻分明能觸摸到一些重大的人生課題。生死、善惡、是非都在討論中，讀者如果細心一點、耐心一點，一層又一層，透過那些普普通通的情節，即能感受到很大的震撼。

四萬多字的中篇〈橘子紅了〉，連同三個短篇交洪範出版，曾多次引發文評家注意，且長期受到讀者歡迎，是一本書市上的長銷書，也是琦君數十種作品集中評議不斷的一本小說集。

小說中，不思「回家」的正人君子是大伯；在鄉間，苦苦盼望丈夫回家的好心腸女人是伯媽。伯媽沒有生育，於是自作主張為丈夫找了一位年輕女子作妾，期望她為丈夫生下一男半女，可吸引丈夫回家。這個納妾的舉動扼殺了鄉間純美的女孩秀芬那一絲絲愛的可能性。當大伯在外面的姨太太奔回鄉間，只動了威嚇的手段，便輕而易舉地引致秀芬流產、送命，徹底地斷絕了伯媽期盼丈夫回家的最後一線希望。

雖是小說，卻是將慘烈程度稀釋之後的真實事件。琦君的筆下文字少矯飾、多直白，使得小說更以其自然的力量撼動人心。

小說大家白先勇先生論及這篇小說：

……伯媽這個三從四德看似平凡的舊式婦人最是特殊，她自己做了槁木死灰的棄婦還不算，又拉了一個年輕的生命跟她陪葬。秀芬之死，伯媽要負責任的。然而在琦君筆下，伯媽又是那樣一個「豆腐心腸」的大好人。其實大伯按傳統標準也沒有不好，三妻四妾是社會容許的。琦君作品中這些「好人」卻往往做出最殘酷、最自私的事情來——這才是琦君作品中驚人的地方。論者往往稱讚琦君的文章充滿愛心、溫馨動人，這些都沒有錯，但我認為遠不止此。往往在不自覺的一刻，琦君突然提出了人性善與惡、好與壞，難辨難分、複雜曖昧的難題來。這就使她的作品增加了深度，逼使人不得不細細思量了。

細細思量，伯媽不會因為秀芬的死而停止對丈夫回家的盼望。鄉間無論怎樣血淚交織，大丈夫大伯不過來封「賢妻妝次」的信而已，他的心並沒有半分「回家」的企願。只要尚有半分可能，伯媽必將再接再厲，不會歇手的。即使再犧牲一些秀芬，伯媽「是我害了她」的歉疚終將敵不過數十年的盼望，悲劇重演或悲劇變成喜劇的可能性將繼續存在。琦君不忍再寫，讀者卻可思量再三。

另一篇〈爸爸，好人！〉卻是直面人生的大戲。這一回，丈夫是愛妻子、愛孩子的顧家男人，「回家」本是天經地義的平常事。糟的是，顧家男人碰上了不貞的女人。男人妒火中燒，一舉毒死女人，鋃鐺入獄，死刑執行之前，將獨子託付給好心、正直的法醫，從容就死。

琦君在法律界工作多年，看老了壞人做壞事、好人做壞事的人生百態。死刑犯也有極大差異，琦君懷著悲憫之心，大書「殺人的動機有時是可以憫恕的」，對善惡、是非提出：除了約定俗成的一般規範之外，尚有更深層的考量。

〈爸爸，好人！〉中的死刑犯是一個身體和心靈都不再能「回家」的例證，剖解悲劇的緣由卻是由於家中成員自私而卑劣的叛離。由於那叛離，家庭支離破碎，無論生前或死後，「回家」已不再可能，是較〈橘子紅了〉更加殘酷的。

掩卷思量，人世間充滿虛妄，在各種誘惑之下，人失了立足之本、將靈魂抵押給魔鬼、自身沉淪不說，更將人寄託心靈與情感的家庭毀滅盡，造成的悲劇無計其數。琦君選這樣一個題材，以其純淨的書寫方式將故事的首尾交代清楚，讓故事本身撼動人心，十分得體。

那故事真的只屬於舊時代嗎？恐怕也不盡然了。出版業加上電子媒體，花樣翻新地講著人生百態，無論美醜。

然而，疲累不已的人們，又有多少人不念著一個家呢？哪怕碎成了千萬片，不是仍想著再造一個新的？哪怕無論新舊都已不再存在，不是仍期待來生再圓回家的夢？

家卻是脆弱的，稍一不慎就傾覆了、就粉碎了，連帶粉碎的正是人的情感，甚至生命也在那傾覆中流失了。

琦君平實地將她對人的珍惜寫進小說，觸動的已不只是華文讀者。西方人捨《大紅燈籠高高掛》而鍾情於《橘子紅了》，豈不正是因為琦君的書寫接近的是人生，關愛的是人的情感。那情感不隨科技昌明而消散，不因怪誕、鬼魅的人生場景而泯滅。那情感是和「回家」這個簡白的詞緊緊相連的。小說不死、文學永存也便有了憑藉，不是神話了。

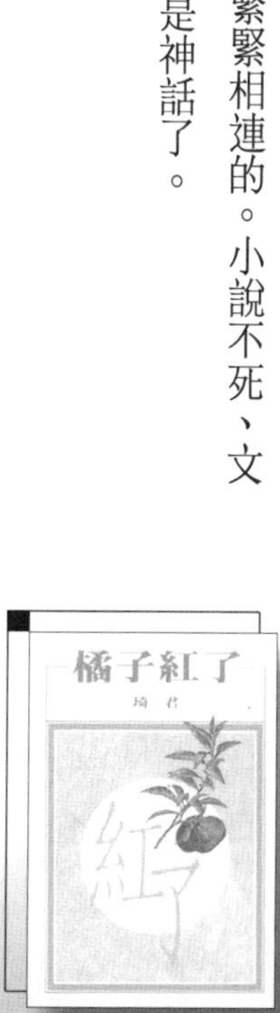

書　名：橘子紅了
作　者：琦君
出版社：洪範
出版年代：1991

案頭山水驚雷處處

大搬家有千般不是，人活在亂陣之中，簡直沒個擺放處，偉貞常笑說：「你那裡千軍萬馬的……」我卻直陳：「短兵相接，根本是白刃戰。」

雖是一團漆黑，但隧道那一頭卻常有溫暖的光亮閃爍。尤其是數日乃至數年不見的書從箱子裡被翻了出來的時候，那種老友重逢的歡喜簡直非筆墨可以形容。一切都可丟開不管，就在堆積如山的各種必需與不必需的東西中間坐下來，用各種辦法擰亮一盞燈，輕輕打開那本書。扉頁上作者的幾個字，一張秀麗的藏書票都把時間拉了回去。美好的、憂傷的、各色各類的回憶如同溫暖的潮水，漫了上來。書頁之間，俊得不得了的文字跳將出來，展開一個世界。於是，周圍那困頓、漆黑，沒個擺放處的亂陣不再有那樣強烈的壓迫感，連呼吸都順暢起來。

琦君的書每重現一本，就會帶給我那樣一段美好的時光，而當它們接二連三出現的時候，我覺得真是節日了，滿心歡喜地張開雙臂迎接老朋友。

老友相聚的時分，我有了新的體悟。琦君散文精采，小說更令人驚喜哩！

前些時候，痖弦先生在加拿大說：「中共建制，國府遷臺，兩岸分離半個世紀，這是中國文學的第一主題、最大主題。」

這樣一個主題，當它化作琦君筆下小說時，除了深沉的鄉愁、除了婉約的離恨、除了濃郁的悵惘之外，尚有動人心魄的驚雷處處，時時點醒讀書人。

收在小說集《錢塘江畔》（爾雅版）中的第二篇〈清明劫〉正是一個好例子。琦君「細說從頭」談及這篇作品：「〈清明劫〉是寫大陸故鄉於風雲變色之際，多少人倉惶地離鄉背井之痛，生死相依的愛侶不得不分離，認識不清者於亂離中走上歧途。悲憤填膺的村民誓守鄉土，我以一個不諳人世憂患的孩子觀點，寫這一場慘絕人寰的變故，至今看了仍不禁潸然淚下。」

令琦君心碎的不僅是那些音容笑貌仍在眼前、數十年間懷念不已的鄉親戚友所遭受到的種種磨難，更錐心的是大陸上雙親靈柩一直未能妥善安葬，各種政治的因素使得琦君沒有法子將此事辦妥。每念及此，事母至孝的琦君真是肝腸寸斷。在〈清明劫〉裡，小蘭父親的墳被掘開，青石被打碎，母親則要「看住他的墳」而無論如何不肯離家南下。無論是「一個字一個字」地說，或是「沙啞地」嘶喊，都是琦君心頭滴血的寫照，更如同沉雷自讀者心上滾過。琦君文字的樸實則拉近了時間與空間的距離，使人不忍、不願掩卷，而很想將中國人的苦難徹底地想一想，尤其是在悲劇不斷上演，而大悲劇很可能再度出現的時分，小說以它特有力量喚起人們的思考。

琦君的案頭山水一向溫柔敦厚，不僅限於出版了的散文和小說，還有大量的書信。琦君大概很像她的母親，她十二分地謙和，非常地能夠忍耐，心胸又極寬大、仁厚。她的信就永遠帶著關愛、帶著溫暖飄然而至。信多了，字裡行間才會露出絲絲的感傷。一般來說，琦君極少批評任何人，多以鼓勵代之，唯有她的童年記憶，使得她不能不偶有流露。她受姨娘欺凌的往事，常使她特別喜愛一些她從前得不到，或被奪走了的東西。物質的，一些小小的、亮晶晶的小瓶、小盒；精神的，手足之情、母女之情、友情等等。琦君極珍惜友情，病中，她會為遠道而來的朋友抖擻起精神談天說地。病中她也會倚著枕頭寫兩三頁長信給友人。我看她的信，順著枕頭的走勢一路斜下去，真是又心痛又快樂，在有人忙得連 E-mail 都沒有時間回的時代，琦君代表的正是一種溫暖的人文精神。誰知道呢，現代人被機器磨得神情枯槁的時候，回頭尋找人際溫暖也許是本世紀的首要課題呢？

琦君對人的愛，重重刻劃在她的小說裡。她曾坦承「偏愛」收在《錢塘江畔》裡的「阿玉」，因為「阿玉的笑影淚痕時時在心」。雖然琦君明說「不必追究故事的真實性如何」，但是，一目了然的，那個買了純樸的鄉下女孩阿玉作ㄚ頭的姨娘恐怕正是那個帶給琦君母女無數傷痛的女人。那姨娘無休止地剝奪了阿玉少得不能再少的一點點自由和樂趣。阿玉忙、累、挨打、罰跪之餘，仍對生活充滿希望，努力讀書識字，努力去追求一個可能出現的美好未來。使她完全失去友情和愛情的不僅是那姨娘，而是權力更大的那位納妾的男人。琦君的悲憤透過平實的書寫迸發出來，變成撼動人心的批判力量。

阿玉純潔的愛情被葬送，暴打之後被逐，又被家人逼迫嫁給一位貧苦的船夫。〈阿玉〉在 *"The Chinese PEN"* 被譯成英文。外子捧讀之餘，發表意見：「貧苦的船夫也許是位厚道的好人，阿玉這樣可愛，船夫敬她、愛她也不一定。再說，船夫『成分低』，四九年之後，阿玉少吃些苦頭，豈不是好？」

最少，不至於像〈橘子紅了〉裡面的秀芬，真實人生苦到琦君不忍去寫，只好讓她早早脫離塵世。

我自己，卻十分喜歡琦君收在《錢塘江畔》裡面的另一篇小說〈梨兒〉。大太太未曾生養，先生經太太同意，娶了樸樸實實的女工阿蘭，生下十二分可人疼的梨兒。琦君細寫三人之間舉手投足間的微妙心情，筆力直追張愛玲，但琦君畢竟是開朗得多的，她總給人看到黑暗之後可能降臨的光明，而很少讓讀者「一條道兒走到黑」，陷入痛苦之中。

照亮別人必得燃燒自己，讀了許多琦君的小說、散文和書信之後，我深深感動於琦君夫婿李唐基先生的意見。他在《桂花雨》（爾雅版）中為琦君寫序，那是許多年前，李先生客居紐約而琦君尚留在國內教書。忙完一天課業、家務，深夜才得以寫稿，「臉容於興奮中透著憔悴」，李先生自然是憂喜參半。文章結尾處，李先生於懷念中記起「詞賦從今須少作，留取心魂相守」，直抒「我真寧願她少寫文章」的感嘆！道盡了身為寫作人另一半的心聲。

重溫琦君作品，深深感動於作者的學養、刻苦與愛心之外，隱隱地感覺到難解難分的善惡之爭裡面，大是大非赫然矗立，於是大為振奮，更有興趣地再次遊走在琦君的文字世界裡，不知月已西沉。

後記：二〇〇二年歲末，琦君姐自新澤西家中寫信來，同時寄來的，還有一冊洪範書店出版的「隨身讀」，以《母親的書》為題。信和書成了最美好的年禮。

書　名：錢塘江畔
作　者：琦君
出版社：爾雅
出版年代：1980

味覺與鄉愁

請客吃飯，其中最高禮遇就是主人親自下廚，在自家餐室請友人餐聚。現代社會的繁忙，女人「走出廚房」的各種「運動」，以及時間緊迫之中，有人發出「做飯乃不可避免之惡」的嘆謂，凡此種種使得吃自己做出來的飯成了稀罕，而請人吃自己做的飯則幾乎不可能了。於是，世界上那些仍然在家中宴客之人，則與「古老文化」同在，真是十二萬分珍貴了。

頭一次聽說林文月教授廚藝高超是在香港。董橋先生請吃魚翅，店不錯，菜也精緻，然而董先生卻說：「真懷念林先生燒的魚翅。」

後來，林先生出書了，《飲膳札記》中，真有一味潮州魚翅。有一位不知烹飪為何物的中年女人曾笑說：「林教授的《飲膳札記》只是美文而已，照著其步驟去做，大概成功不了的。而且，林教授真的會做菜嗎？」她懷疑。

我沒有機會欣賞林教授做的菜，但是捧讀這本札記，我確信，林教授不僅會做菜，而且做得極為精緻。她做菜和她做人、做學問一樣一絲不苟、雍容大度。她精緻、穩妥、情感深沉的文字在眼前流過的時候，我已然嘗到了一道道佳餚的美味，更感動於她的慧心，連鄉愁也得到紓解。

我也在家宴客，深知做這一件事最需要的並非廚藝，而是愛心、誠心及無比的耐心。好吃的東西是要耐心地去料理的，不怕麻煩，不將麻煩看成麻煩。因為愛親人、愛朋友而去花時間，細心預備，飲宴成功，賓主盡歡；事後仍回味無窮。那種暖意和快樂絕非「遠庖廚」之人所能體會的。

林教授在談及「佛跳牆」這一道菜的時候，順便道出家庭的故事。在搬遷之中，母親說過「佛跳牆」的典故，外祖父喜愛「江山樓」的這道名菜，在父親工作地點的廚師最拿手的又是這個「佛跳牆」。美味與親情交織在一起，組成了這篇溫馨的文字。「佛跳牆」用料多多，每一種材料需事先分別烹製，最後將它們合在一起，再長時間蒸煮；其中所用的高湯，則是烹製各種素材的原汁，加入去了油的清雞湯、胡椒粉和紹興酒。手續繁雜，卻能引得清心寡欲的出家人翻牆而至，其美味自然可想而知。於林教授所言，每做這道菜卻會想起家人團圓的少年時光，舌尖美味飽含著甜美記憶，永遠不會褪色。

另一道芋泥也是煩雜而需要花力氣的。芋頭要洗淨、去皮、切片、蒸熟，趁熱碾壓成泥。碾壓過程十分累人，然而林教授說：「芋泥之可口處在於鬆軟細膩，所以這一層碾壓的過程十分重要，千萬偷懶不得，務求徹底碾妥，不留殘餘顆粒才好。」和芋泥的重要材料是豬油，是用生肥肉熬煉出來的。豬油、芋泥和砂糖是在文火中融匯在一起的。經過如此翻炒，芋泥才真正柔軟潤滑起來。坊間一些以水代油或以植物油代替豬油之法，似乎省力而衛生，卻為林教授所不取。她是寧可吃小小一口精製芋泥而不肯吃一大碗「衛生芋泥」的。除了她的品味之外，最重要的理由乃是「味覺往往也可能引發一些鄉愁或深藏於心底的記憶」。

當初，林教授在臺大中文系擔任副教授，師生之間常有餐聚。教過林先生聲韻學的許世瑛先生視力不佳，但聽說芋泥上桌，總會露出天真如孩童的笑容，快樂享受這道甜品。毫無疑問，那是用豬油、砂糖拌成的芋泥，而不是什麼偷工減料的「衛生食品」。

至於吃正宗芋泥可能出現的危險，林教授也細心地一一說明，蒸透的芋泥，因內含豬油使之相當燙熱，食客若不察，一大口吞進去，會燙得受不了。可能是做學問使然，林教授不忘將芋泥和西點作比較。想來是有人批評芋泥由澱粉、豬油、砂糖製成，易導致肥胖，林先生說西方人做糕點，大量使用麵粉、黃油、牛奶、砂糖和巧克力，熱量極高。西方人甘之如飴，須臾離不得。那麼苗條、秀氣的東方人偶一為之，吃上兩口貨真價實的妙品，例如芋泥，應該不算問題罷？

在〈口蘑湯〉一文內，我們學到了如何做一道「三菇戲水」的好湯，同時也學到了林教授身為美食家的一些真功夫。她先是從咖啡煮和濾的過程，發明了清洗口蘑所含砂粒的妙方，之後又提出調製口蘑湯的原則：「口蘑的汁水雖然極為清香鮮美，但純取其原味，則稍嫌澀，未如適量加入肉類高湯，可以提升潤味。」由此可見，林先生並不迷信原汁原味，而是不斷推陳出新，以改善飲膳的味感。我們在這本書裡不但學到數味林氏高湯製作法，甚至有緣學到孔德成先生家高湯製作法，大可如法「炮製」一番，變化出新的菜式來。

林教授溫柔敦厚，一個極大的題目，換了作者大概會呼天搶地一番，林先生卻穩穩當當地用一種「說清楚」的端凝筆法來處理，令人欽敬。

話說口蘑，許世瑛夫人是旗人，談起口蘑含砂，反正是家鄉的砂土，也就吃下去了，臉上的表情是「思鄉」的。談及許師母，則是「她年輕時離開關外的家鄉，與許世瑛先生結婚，像很多人一樣，來到臺灣就沒有再回去」。

而口蘑呢，「遺憾的是，自從中國大陸開放觀光以後，口蘑已不敷供給其自身，所以後來我再去香港已買不到這種野生的菇菌了。而知音解味的賓客也逐漸凋零，每憶昔日盛會，於甜美之中，常不免有悵惋之感！」

凝煉的文字，一如捧上桌的佳餚，引人入勝，且回味無窮。

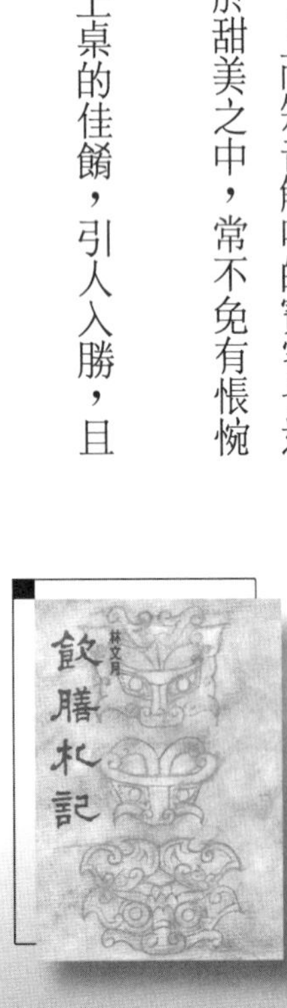

書　名：飲膳札記
作　者：林文月
出版社：洪範
出版年代：1999

緊鑼密鼓的人生大戲

於梨華來了，來到許多「讀她的書長大」的人們中間，大家叫她「梨華大姐」，或是「於阿姨」。她從西岸到東岸，從傳媒到面對文友和讀者，二十四小時之內，換了時空，人卻依然明快、熱情。

於梨華告別華府，回到聖馬刁美麗庭院的頂樓，她留下了《別西冷莊園》，小說家的第一本散文集，或用她自己的話說：

> 像一個母親把過去寄養在別人家裡的孩子們領回來，和後來的子女們集中，一起納入它們應該歸屬的窩一樣。回了家。

〈回了家〉的是從前收到小說集中的一些散文，〈後來的子女〉則是近十年來的作品。但它們「清一色」是散文，於是真正成了散文集。出版社是社址設在美國加州的瀛舟出版社，這家出版社在臺北永和有辦公室，不僅海外，海內讀者也很容易親近這本書。

細讀這本書並不容易，讀者翻開任何一篇，都會被作者綿密的思緒衝撞一下，體弱者很可能被擊倒。二五〇頁的文字承載了將近半個世紀的心情、思慮、念想以至於掙扎，且緊鑼密鼓、間不容髮，實實足足的人生大戲，絕對值得觀之再三。

〈探母有感〉是一篇震撼人心的文字。親情於作家而言常常是一種難以承受的沉重。如同梨華大姐喜愛的琦君姐，如同劉安諾在痛定思痛之後書寫母親和父親。其中的煎熬絕非外人能夠想像。女作家敏感的心、細膩的筆觸終至探到了那個大家不忍論及但卻實實在在存在著的事實：

但我也不得不承認——希望他在天之靈原諒我這個不肯也不願說假話的女兒——他既不是個上乘的父親，更不是上乘的——絕對不是——丈夫。

四個破折號，婉轉道出作者的萬分無奈。誰能想得到呢？一位公正、廉潔、待下屬好得不得了的公務員，在家裡卻是一尊兇神。不忠於婚姻的男性對「屬於自己」的女性除了精神折磨之外還要加上拳打腳踢。雖然那是自己的父親，作者仍不顧親友的反對要把那一切的始末說出來，書寫的過程無疑是萬分辛苦的。最撼人心魄的，是作者筆下的母親，飽受勞役、戰亂、貧困以及丈夫帶來的痛苦折磨的母親，以冷漠來保護自己的尊嚴。在冷漠這個拒人甚至拒子女於千里之外的硬殼之中，那一個本來聰慧無比、善良、美麗的靈魂在怎樣地戰慄中?!透過作者的書寫，讀者必然發出這樣一個疑問。那疑問無需特別的想像力即可獲得一定程度的解答，那解答的苦澀正是作者悲憫情懷的源頭。作者近半個世紀以來創作中的大關懷，和那源頭脫不開干係。

然而，只有大關懷而沒有文字或者文體上的貢獻，也難以達到撼動人心的效果。作者卻是以上乘的文字和於梨華式的獨特文體穩穩承載了她對人間世的大關懷，不止是寫母親、寫師友，哪怕寫偶爾擦肩而過的人們依然情深意切，給人留下無盡的懷想。

〈別西冷莊園〉裡，用一個段落提及一位園丁，「找不到職業的藝術家」，帶著小女兒，「雕刻、旅行，住在森林裡，錢花完了，再去作園丁」，「一日三餐，粗茶淡飯，沒有別的奢求」。作者告別西冷莊園的時候，園丁已經帶著女兒「遷去比較溫暖的南方」，作者「當然不會再看到他」，「但他用一雙手為」作者「創造了三年夏季的快樂」。作者「懷念那些個夕陽西斜、坐在迴廊裡、看到他女兒的喜悅的眼光」。

一種怡人、恬淡的人生，一種單純的、勤勞而美麗的生活，就由作者在短短一段中描摩出來，銘刻在讀者心裡。作者在西冷莊園如珍珠般豐潤的生活卻幾乎沒有落墨。想來，她沒有將那生活留下，告別的只是西冷莊園，令她安心的生活卻是被她帶了走了，我們也可以在她勞心費力地搬了家之後，悄悄地鬆一口氣。

名不見經傳的年輕人的笑留下了，大大有名的張愛玲的笑也留下了。作者寫自己和張先生最後一次見面。張先生應邀來校演講，作者去接她、等她、陪她到場，再送她上機，上機前因為「時間綽綽有餘」而陪她去喝一杯飲料：

> 問她要茶還是咖啡，她說：我要一杯香草冰淇淋蘇打，說完對我企盼地望著。高杯冰淇淋蘇打來時，她露齒一笑，那神情完全像孩童驟獲最切想的玩具一般。她對我看的眼神及吸第一口冰淇淋蘇打的神情，我再也忘不了！（〈來也匆匆〉）

作者說到張先生「她不在了，但她永遠在」，談及張先生創造的小說人物，而浮現在我們眼前的卻是張先生孩童般企盼的眼神和心滿意足的笑。那是孤僻的張先生啊！作者知她、疼惜她，該是不爭的事實了。

〈女兒三十歲〉讀來心驚，作者自己的苦苦掙扎，作者和女兒之間的誤解以及誤解的冰釋在在突顯的是人生的磨難。人在磨難中成長，生出智慧，生出愛，但是，那是真正的磨難。作者坦然面對一切，包括無奈、惶急、敵意、憤怒、傷心、愧疚。

文字之簡潔，文字張力之大之奇，在這篇文章中都表現得令讀者不能不低迴，不能不一再重溫、一再摩挲，一再與作者同哭、同笑。

然而，貫穿全書的一根主線卻是作者「無法歸去」的情懷：

> 無處可去，無處可歸，始終是盤桓在我腦裡、心裡，以往及以後的生活裡的結。但又何止是我，實在是四海之內四海之外，無處不在的中國人的心胸裡！解不開、割不掉的瘤。（〈搬家雜感〉）

別了西冷莊園，別了美東，搬去了美西，生活簡約而豐潤。然而，「回不去了！」卻是心中無法止歇的號哭！是作者的心聲，是讀者的心聲，是我們心中永無止歇的痛。緊鑼密鼓，無止無歇，綿密無盡頭。

書　名：別西冷莊園
作　者：於梨華
出版社：美國瀛舟
出版年代：2000

讀董橋小記

一位筆下文字生動、細膩的文友和我聊起讀董橋散文的感覺。她說：「氣餒得不行，和董橋一比，書都白念了，竟寫不出那麼靈動的文字！」

我沒有失去勇氣，依然把董橋散文一本本留在案頭，無論忙閒，抽出來翻開就讀，不但有和老朋友聚談的快樂，更是將董橋為文時的天下大勢拉了回來，或是把他為文時的心境拉了回來，不知不覺、自自然然進入一個歷史的、文化的、文學的，甚至政治的氛圍。

手中這一卷《保住那一髮青山》由香港的牛津大學出版社出版，是二〇〇〇年夏天的事，由香港特快飛來，打開書，還是燙的。封面那顏色用北方話說是「小蔥綠」，透出精神、水靈、生氣盎然。

幾乎日讀一書的人遇到董橋散文都會慢下來，在字裡行間尋找一些真正貼心的東西。董橋散文帥得很、瀟灑得很，雖然如此，他也常常會觸動讀書人內心最敏感的部位，有時候，根本是觸痛了之後令其產生共鳴。讀書人寶愛董橋散文絕對有足夠的理由。

在〈天冷遙想克什米爾山羊〉這篇文章裡，點題用了七個字「張愛玲愛美，怕冷」。摘了《對照記》裡的文字，講張愛玲脫俗的品味，真能將一件老古董穿在身上，完全不管別人的觀感。臺北《中國時報》約稿談時裝，董橋說自己寫不出，「心裡倒想到張愛玲：任她隨心寫幾千字也比別人寫幾萬字標緻。」這標緻兩字真是合了張先生的脾胃，如果她看到這篇文字，心裡先暖和了。更不用說董橋還有下文，畢竟談到了流行，Pashmina披巾或是開司米披巾正是時下女人喜愛的。董橋卻想：「張愛玲晚年多病，她要有一條那樣的披巾一定歡喜，披起來帶點蒼涼的華麗。」這蒼涼的華麗豈不正是多少時裝設計師們追求的境界，張先生讀到這裡，雙肩和臂膀都暖和起來了。

董橋心痛白先勇、張愛玲，用了許多關心、體貼的話語。他也關心知識分子清流們，那關心中多了冷靜和敏銳。

在〈一篇講真話的重要文章〉裡，董橋談及「余杰為余秋雨文革期間走過的路提出質疑，余秋雨發表公開信」等等，語重心長地表示：

文革時期的恩恩怨怨我們在海外所知不多，要掌握一些事件的來龍去脈殊不容易。發生兩余事件之後，我只覺得那樣可怕可恥的浩劫歲月，人的意志完全受客觀環境的箝制，言行必然有對有錯，事過境遷一經挑戰，只要憑良心說真話，相信大家都會理解。

其實，我們這些在那可怕而可恥的年月裡煎熬出來的人卻都心知肚明：憑良心說真話，可真是不容易。

董橋雖然身在海外「所知不多」，但他跟下來就談孫光萱教授這篇講真話的重要文章，該文談及「石一歌」，那樣一個十一個人組成的寫作班子在文革期間推波助瀾的過往。孫先生想必亦是厚道的，所以董橋記下的是他讀出的「那一股淡淡的悲涼」。

談文革腥風血雨的文字多多，唯說真話的誠懇文字，才能動人地產生那樣悲涼的閱讀效果。這篇文字對所有的過來人而言，都有啟示的功用。

董橋更嚴於律己，他坦承：

我在出版界混了幾十年，曾經矯情，曾經偽善，曾經孤傲，曾經眼高，曾經放不下。走了好長一段路子，最後才慢慢學會一個淺顯的道理：做傳媒跟做文章一樣，要博雜，要誠實。

正因為董橋這種至誠的態度，我看他文章很容易產生一種「討論」的心情，看他喜愛希臘歌唱家 Nana Mouskouri 蕩氣迴腸的歌聲和她對人際感情的堅持；事實上，我不忍再次點明的是，在歌唱家和多數希臘人的心目中，「人」並不包括世界上所有的人種，他們仍無法正視米洛謝維奇一再製造出的百萬難民，他們仍無法正視「製造難民」和「援助難民」的並非同一種力量。那是一個令人心寒的存在。

正如董橋大聲疾呼的，國力的壯大和思想的解放以及交流的自由應當是相輔相成的，政府「不能再小手小腳隨隨便便禁止大家自由進出國境了」，令人難過的是，貝嶺畢竟是被捕了，為了什麼呢？那樣一位浪漫的、懷戀故鄉的、永遠有夢的詩人，一心一意地辦著一個苦哈哈的文學雜誌。然而，正如詩人自己預言的：

他們歌聲撩人
他們的歌聲淒涼悲壯
那些歌手那些太陽歌手
固執地應驗永遠地應驗
二十世紀的淒風苦雨後面
必定還有一場大雪……

我們都在大雪中，撐著。用以溫暖我們的，正是那一髮青山，那對美麗文化的眷戀、不捨、孜孜的追求。

董橋家陽臺上的桂花不顧天冷天熱，開放著、安慰著一位讀書人不平靜的心。我家門前一株扶桑開成一團團火焰，向著那「大雪」高傲地展示她燦爛的美麗。後園一株扶桑，卻開成了一片金黃，溫暖著我在「大雪」中僵冷的思緒。

世間不平事何其多！六月份我曾到過一天天熱上來的高雄，書店裡，看著青年們憂急的眼神，我讀一篇〈溫潤是君子的仁〉給大家聽。許多人的臉色轉過來了，要我再讀一篇，於是〈他們老了，你們年輕〉響徹整個書店。

如果，今天，我再回高雄，就念一篇〈學者靈犀，校園風景〉，青年們隨著董橋，必會看到一個有希望的、綠色的、小說般的、相當真實的美麗新世界。

書　名：保住那一髮青山
作　者：董橋
出版社：香港牛津
出版年代：2000

念想

香港散文家董橋在他的新書《沒有童謠的年代》（牛津大學出版社）裡用了一個詞，叫做「念想」。文章說到收藏家對文物之追索，蘊含著對前朝遺韻的念想。

董氏散文俊得了不得，引著許多淒美的故事，使那「念想」更加婉約溫潤，動人心弦。

「念想」不同於動詞的「想念」，不那麼直接而沒有遮攔。「留個念想」，「念想」是名詞，帶著無奈，帶著心上拂不去的遺憾，也帶著柔情。這個詞在腳步匆匆、人人忙著上網、忙著飛往各種地方的今天，很少有人用了。見到這個詞像見到古玉、酸枝小几、名人小品，遠去的人與物與事紛至沓來，空氣裡都飄起了陳年墨香。

我是在慌不擇路的情狀裡讀到那些典雅的文字的。「慌」的原因是為了找一位家庭醫生。我們這個三口之家，在流感肆虐的日子裡倒下去兩個半，我只是用意志力撐住自己，擔起「尋找」醫生的重責大任；沒想到，尋找的過程如此令人絕望。

兒子高燒，自然送急診，急診室醫生說他只處理「小兒科」方面的事務，對成人內科則「愛莫能助」。

外子發寒熱，去政府部門醫藥單位，醫生說他是一般內科，婦科、小兒科都不是他的範圍。一針下去，外子精神大振，繼續在國務院和國會之間忙個不停，夜半回家則蒼白著臉，身上時冷時熱，頭暈眼花倒上床去，只盼第二天大雪封門不必上班……

輪到我自己追蹤腸胃痼疾，醫生年輕，和氣可親，看起來真是好人。我殷殷相詢，何以一位家庭醫生如此難得。他笑答，如今人人「學有專精」，「萬金油」型的醫生已經絕跡了。他自己在消化系統方面有兩個學位，雖然一般內科、婦科、小兒科他都涉獵很深，但畢竟沒有處方權，不能作家庭醫生。「雖然我很想幫忙，但法理不容。」醫生一臉無辜。

於是，我們真正落入頭痛醫頭、腳痛醫腳的境地。有了毛病打電話去「家庭健康中心」，電話答錄機說：「你找A醫生請按6，找B醫生請接8。」我按了8；答錄機又說：

「你需要X光，請按3；需要驗血，請按7，需要和醫生面談，請按9。」我按了9，答錄機說：「請按你的姓名和電話號碼，我們將在二至四週內給您回答。」我照按如儀，忍著心慌頭暈等待醫生辦公室回電等到不再心慌，不再頭暈。電話裡不斷傳出售賣汽車保險、推銷長途電話服務專線、強迫你買人壽保險之類的電話，醫生辦公室那邊卻悄無聲息。

外子從分類廣告中抬起頭來，滿臉迷茫地說出他的意見，在這個大家只顧拚命按鍵的時代，我們這個一男一女加一個十四歲男孩的家庭已經沒有辦法找到一位耐心、善良、合法而饒有人情味的家庭醫生了。

他憶及他的童年，祖母尚在，老人家有一天忽然發現自己眼前一團黑霧，忙命家人致電家庭醫生安德森。醫生飛奔而來，和顏悅色和祖母寒暄，請老人家摘下眼鏡，細心替她擦乾淨、戴上，問她：「現在好一點沒有？」祖母答：「啊！上帝！那團黑霧消失了！親愛的安醫生，您真神奇！」安醫生出門時卻悄悄提醒家人，老人家每天必做的事也會忘記，要注意小心爐臺、火燭之類，以策安全……

「我們再也找不到那麼貼心的人了嗎？」他問。

「我們只剩了念想。」我回答。

科技領軍，世界新而冷，人際之間的溫暖需要刻意去保護。

法理當道，世界脆而硬，人際之間的理解、同情、憐惜成為不尋常的奢侈品。

我卻一而再，再而三地重溫董橋散文中如詩的句子，不斷晾曬長存心底的無數念想，堅持著用筆寫信之類的會給人留下念想的日常功課。

世紀更替，鍵盤君臨天下，懷著念想的人心平氣和，淡然處之，並不急。

書　名：沒有童謠的年代
作　者：董橋
出版社：香港牛津
出版年代：2000

豁達・詼諧

懷抱中國心情，過著美國日子的劉安諾，撰寫英文專欄之餘，也常以中文敘事、抒情，刊登在海內外報紙副刊上，引得文友、讀者笑聲連連。一九九八年夏天，她的《風流與幽默》由臺北健行文化出版。捧讀再三，不忍釋卷。

劉安諾一向以幽默見長，文章中妙語、奇句接踵而來，讀者笑出眼淚的同時，心裡也會出現閃念，感動於作者思想的深度與為人為文的豁達。

她在文章中坦承心境：

人在海外那份疏離與失落感。失落的是歸屬——法律上的身分或許已經歸化了，心理卻尚無歸屬，從而產生身「心」異處的現象與感受。

清楚道出故鄉、故土、故文化深植海外文化人血液中的現實。

美國文化批評家愛德華・薩伊德（Edward W. Said）一向反對知識分子鑽入專業的象牙塔內而逃避現實。他再三強調這種「專業化的威脅」遠較「政治壓力」、「商業化的衝擊」來得嚴重。換句話說，知識分子如果沒有自省能力，不能力排眾議，對社會、文化現象提出獨立見解，知識分子就失去了本身的屬性，充其量不過是「專業人士」而已。

身在海外的許多華文作者過著兩袖清風的日子，孜孜不息地在華文空氣稀薄的世界裡以華文創作；對華文文學世界的種種變化始終抱持關注，不斷發出聲音，堅持了身為知識分子的道德責任。

劉安諾在《誰記得賈桂林・蘇珊》一文中分析了這位三十年前轟轟烈烈、不可一世的美國女作家，其作品曾高踞《紐約時報》暢銷書榜首不下的「盛況」。

當然，此女所掀起的「旋風早已風止聲歇」，「她的熱賣千萬本的超級暢銷書」也「逐漸被人遺忘，全告絕版，社會大眾似乎對斯人斯作失去了興趣」。劉安諾對「江山代有才人出」的現實並不打算避重就輕。她明白指出蘇氏（Jacqueline Susann）「聲名與作品雖朽」但「遺風長存」。此遺風正是「緊盯票房創作」、「形象重於實質」。蘇氏的大成功不僅使

「許多作家以為沽名釣『利』、不擇手段，無可厚非」。更要命的是，由此開始「美國出版事業以文化事業自許」的理念「蕩然無存了」。大家追逐白花花的銀子，將作品純然以商品對待，過去的「心理障礙」被蘇氏徹底摧毀，從此「放下身段」，理直氣壯將賣書和賣肥皂、賣漢堡等量齊觀，不僅理念上無甚差別，手法也同樣五光十色。

只重包裝不重內容、行銷手段無奇不有、作者照片比文本內容遠為重要，被知識分子稱為互為因果的文學與出版業的墮落在劉安諾對蘇氏三十年前行徑的剝離中原形畢現。海內外文化人讀此篇章，不能不有所震動。

然而，痛陳仍可以是瀟灑無拘的，而瀟灑無拘卻正是源於寫作人的豁達與樂觀，源於寫作人對人類世界仍然信心滿滿。

眾所周知，幽默不是中國文學的重要組成部分，自然與儒家傳統道學思想長期在中國文化中蔚為主流有一定的關係。

然而，天下事有常態，必有變態，有主流，往往有支流。幽默於中國古典文學，雖因阻力過於強大，難以形成支流，偶而亦見涓滴。換句話說，雖經注射特效預防針，所在的文化氛圍又已消了毒，噴了DDT，仍有異常「不爭氣」，免疫力特別低的人，依舊會病。

劉安諾的「病例」首推莊子，因為「他觀察人生，總愛換個不同的角度，夢蝶與觀魚，便是不按牌理出牌的表現」。

劉安諾自然大大具備此一幽默的基本條件，生老病死諸般無奈，劉安諾一一以詼諧化解，自嘲一番，心境大寬。打個比方：

有人為馬齒漸增，記憶力隨之衰退而煩惱，不知記憶力衰退也有好處。美國俗語說：「日光下無新鮮事。」無新鮮事的日子何等單調、乏味？一旦記憶欠佳，新鮮事便層出不窮了。

這種四兩撥千斤的妙計貫穿全書，正可使灰黯的人生大放光明，更何況作者還教你如何「化干戈為玉帛」，在險惡的人生際遇中「穩操勝券」且「樂在其中」呢！

後記：新世紀到來，劉安諾以中英文散文選《乘著微笑的翅膀》（*On the Wings of a Smile*）做為賀禮，「見人說人話，見鬼說鬼話」一番，或曰「一種題材，各自表述」一番。由九歌出版。

書　名：風流與幽默
作　者：劉安諾
出版社：健行
出版年代：1998

太陽神的微笑

在一個華府文化圈的聚會上，和物理學家李傑信博士初次見面，他問我最近有沒有新書出版，我說，剛交出一本散文，題目叫做《與阿波羅對話》，他馬上說，「阿波羅」是最重要的太空計畫。在美國航太總署（NASA）工作的李博士短短一句話就把浪漫的文學世界轉入有根有據的科學世界。跟著，話題進一步轉入火星上的「水」，以及火星上的「生命」，以及火星生命和地球生命的「關聯」。

我很喜歡「三句話不離本行」的人，因為對他們而言，工作不只是為了生活，工作裡飽含著無限的興趣與挑戰。這些人談及自己的工作有著異乎尋常的熱誠。

李博士對火星情有獨鍾。他為了讓華文讀者對火星也能燃起熱情，甚至寫了一本書，題目叫做《我們是火星人？》，由臺北的天下文化公司出版。應當說，這是一本科學普及讀物；細讀之下，不難發現，除了科學以及科學發展的歷史進程之外，這本書裡飽含哲學思考，語言和文字又十分的平易近人，使得全書讀起來毫不枯燥，外行的讀者很容易產生興趣而「悅讀」到底。

李博士身為華裔，對古代中國在天文學方面的研究自然是深入的，但他同時又是一位富於批判精神的學者，他從中國古代將火星命名為「熒惑」，更由火星「逆行」而發展出「熒惑守心」的占星術，論及東西方在科學進步的進程上一個令人扼腕的分水嶺。

火星顏色熒熒似火，又在運行中時明時暗，稱之為「熒惑」，本也是相當自然的事情，然而，李博士在書中闡明了一個不容輕忽的事實：曾經「為問而問，別無他求」的中國天文學，在世界上遙遙領先的天文學，卻因為政治的緣故，而轉向占星術，將火星「通過」心宿之後，回頭「逆行」，和心宿再次「重合」，然後轉身前行的天象叫做「熒惑守心」，又因為那時刻地球離火星最近，紅色星球「象徵」的血腥、戰爭、憤怒成為「大凶之兆」，嚴重影響皇帝老兒的前程。於是，上天給人類的強烈暗示，在中國，竟被「刀光劍影」掩蓋住了。「哥白尼卻在中國海運停止後一百一十年，發展出太陽中心學說。」西方文明由此產生「質的飛躍」。七十年後，克卜勒再接再厲，「找出火星和行星橢圓形軌道，完成太陽行星運行體系」。也就是說：「地球中心論」終於被「太陽中心論」所替代，地球名正言順和火星等等一道成為行星之一。多麼久遠的行程啊！兩千年前，古希臘哲人亞里斯塔奇思提出宇宙中心應是太陽，阿波羅第一次微笑首肯以來，人類要經過多麼漫長的歲月才能將真理看成常識，而不是「異端邪說」。

但是，所謂「漫長」也不過是相對而言，在李博士筆下我們可以看到大量的天文數字，地球與火星的距離在一億公里之外，人類將太空船送上火星，完成「探索」工作之後，太空船將變成宇宙漂流物，要等到幾億年之後才墜入太陽焚燬。根據火星地表的「自然河道」，科學家認為火星在三十、四十億年前應有可觀的大氣層，而在太陽系行星形成以後，隕石風暴延續七億年，並於三十多億年前消停，那時的火星很可能具備了演化生命的條件！

生命，生命靠什麼存在、繁衍？李博士又拿出鐵證告訴我們：生命的源頭是水而不是陽光！

太陽神微笑了。透過大氣層的保護，陽光才是這般溫暖、和煦的，才給予自然界勃勃的生機。火星失去大氣層多少億年，太陽的輻射長驅直入轟擊地表又是多少億年，於是火星地表乾淨得成了「無菌地帶」，生命在地表絕跡！

生命真的完全絕滅了嗎？李博士堅信人類不斷獲取的新資料甚至多少億年的化石將印證他的推斷，火星若有生命必深深隱藏在不見天日的地下以避免太陽輻射的趕盡殺絕。而地下，火星地表之下，是有水的！

地球生命的源起，在那個「無氧、地表熾熱、火山活動頻繁、甲烷廣布、硫磺濃湯漫流」的世界上，包括人類在內的地球生命的老祖先誕生了，他（它）們的脾氣必定古怪：「耐高溫、厭氧、喜硫磺、甲烷」等等。而且，古菌的生命力之強韌也是難以想像的，「一九九二年，美國國家研究委員會報告，一個嗜鹽古菌冬眠二億年，經實驗室培養以後，恢復生命活力」。

我相信，人類的想像力終於因為科學的發展，太空技術的進步，在登月、「登陸」火星之後有了長足的發展：火星生命搭乘隕石列車登陸地球帶來生命的緣起很可能也不是天方夜譚。然而透過閱讀，我們和李博士一起觀察星空，一起使用高倍望遠鏡，一起搭乘火箭遨遊外太空，一起採集隕石，一起感懷人類追求真理的不屈不撓，一起敬仰生命的頑強和堅韌。我們可以切實地感覺到，每一個生命的長度雖然短小得需要用顯微鏡來觀察，然而生命的長河卻是多麼壯麗啊！

與壯遊同時進行的，是對李博士文采的欣賞，談及太空飛行中的最重要的術語「軌道」，李博士如此這般寫來：

由於無所不在的重力場，所有行星都在指定的太陽軌道上運行。也就是因為地球在那條不自由的太陽軌道上穩定運行了四十五億年，有足夠的時間演化出智慧型的生物，我們現在才能討論軌道這件事。所以不自由的結果也不一定都是不好的。

閱讀至此，恐怕太陽神也要忍俊不禁了。

但是，行星不能換軌，太空船卻辦得到，於是人類有了極大的可能探索宇宙的祕密。《我們是火星人？》這本書正是讓我們在熟悉的軌道上邊讀邊贏得巨大的思想自由。

書　名：我們是火星人？
作　者：李傑信
出版社：天下文化
出版年代：2000

旁若無人與目中有人

世上，有不少書籍和哲學有關，多半莊嚴肅穆，人們掙扎生存之餘，少有能力去親近那些書本。李家同先生的《陌生人》，嘗試用簡單、明白的句子，坦率、誠懇地和讀者談心。文章中的故事一讀就懂，故事裡的深意卻可以想了再想並生發出新的問題。想過之後，讀者自會學習到許多哲理。

李先生學的是電機，研究的是計算機科學，寫文章也不離數字，他告訴我們：

> 根據聯合國的統計，人類前百分之二十的高所得者，他們所擁有的收入是人類全部收入的百分之八十三，而後百分之二十低所得者，收入是人類全部所得的百分之一點四。

也就是說，世上至少有十二億人生活在赤貧之中，「而在臺灣的我們，已經擠入了人類中的前百分之二十」。

這樣的統計一點也沒有給李先生帶來快樂。他在文章裡說出了許多想法，這些想法絕對不是臺灣社會大眾普遍認同的想法。他旁若無人地提出意見，其中包括對他自己的批評。在臺灣誰會覺得衣著光鮮出入「重要」場合，成為"VIP"是一件應當羞愧的事呢？誰又會真正明白德蕾莎修女無私奉獻的一生是充滿對窮人的尊敬呢？誰又會想到有人會放棄四億美金的事業而去過儉樸、與人親近的生活不是神經出了毛病而是精神世界的純淨和昇華呢？又有誰對人類花費無數金錢而不斷推陳出新的太空計畫採取嚴肅的批判態度呢？至於人類每年花九千億美金在軍備上是臺灣許多人的常識，但有多少人會謹慎地評估人類濫用資源卻無法對基本醫療保健提供必要保證是怎樣的荒謬?!

李先生的故事來源於報紙和廣播，大家都看報紙、都聽廣播，為什麼李先生卻能從大家耳熟能詳的新聞、舊聞裡找到重要的思考課題引領大家進入一個全新的思考領域？

我想，最重要的原因是李先生目中有人，心中有人。他心裡惦念著的，是十二億赤貧的人，是殘障、智障的人，是受到戰爭、瘟疫損害的人，是除了錢以外什麼都沒有的人。他深厚的同情心源於他高貴的尊重生命的理念。他不是理論家，他是勇敢的實行者，他動腳走進人群，他動手為人群服務，他用他的心、他的情感、他的智慧來推動他的實踐。他是心口如一的人。

他是科學人，他也是文學人，他強調文學的趣味性。連生與死這樣大的題目，他也能坦然、輕鬆的面對。連宗教這樣深的題目，他也能用〈五和一〉，用一位林老牧師的故事給信神和不信神的陌生人一些啟迪。

他也有期待，他會在生活裡，盡量的替陌生人服務，他希望在他的臨終病榻之前，有人來向他說：

我渴了，你曾給我喝的。我餓了，你曾給我吃的。我在監獄裡，你曾來看我。

但是，我也有一個疑問，在〈陌生人〉的故事裡，患了老年癡呆症的老太太以為是陌生人在奉養她，所以十分的快樂，豈不知，奉養她的正是她親生的女兒。她十分的快樂了，女兒卻常常難過得幾乎昏過去。人為什麼得到陌生人的援手會特別快樂，來自親人、友人的援手就視為「應該」的，或是「欠」了自己的？就不那麼快樂了？這裡面似乎有些更微妙的東西，大家來找找看，很可能在這本有趣的書裡，我們可以找到答案。

書　名：陌生人
作　者：李家同
出版社：聯經
出版年代：1998

追夢

繼李家同、石家興、陳漢平諸君科研、教學之餘，以中文抒情、敘事，在文壇大放異彩，毒理學家龔則韞一九九八年九月也在文壇上貢獻了一朵素心蓮。

則韞是生物學家，在本行本業成就驕人，其英文科研著作頻頻獲獎，其英文現代詩也曾在一九九七年獲美國國家詩學圖書館頒發的獎項。

然而，從小熟讀李清照、張潮、朱錫綬、曹雪芹、徐志摩的龔則韞不能忘情中文文學，成為賢妻良母兼成功職業女性的同時，她寫散文和新詩，一九八一至一九九八，近十七年的散文作品結集成書，在她追夢的途中，豎立起小小一座里程碑。

通讀這卷《荷花夢》，感動於則韞的單純、邏輯和誠實。作者的生活大多在家庭、實驗室、教室和教堂四點之間那一塊方地上進行。她是虔敬的天主教徒，看世間萬物自有悲憫的情懷，更存了感激之心。她又是科學家，賽先生旗下大將，科學本身所秉持的嚴謹、邏輯和鍥而不舍使感性的作者又兼具理性的特質。在她的人文關懷中少了鄉愿而多了是非分明，使得她在追夢的途中步伐堅定，也使得讀者在展讀這卷書的同時對科學生出親近和信賴。

則轞誠實地對待自己的內心，對待家人和親友，對待自己的學業、事業和志業。

在她清明的敘說中，她的刻苦、掙扎、惶急、悲痛、安慰和喜悅都一一真實再現，而在她的悲喜之背後，我們可以細讀師友的關懷、家人的支持，社會甚至歷史諸般大環境的教育。

作者是位永不停步的學習者，在父母殷殷期待下，她可以兼顧家庭完成學業、進軍美國主流社會且事業有成。和女兒一起練琴，她可以成為交響樂團的大提琴手，連種花蒔草她都能成就一片錦繡天地。

在這接二連三的努力與成功的背後，作者不經意地讓我們看到了書中的另一位主人公，作者的丈夫，同為科學人的江明健先生。他的睿智令人印象深刻。為了學業的完成，作者曾與愛女有一個短時間的分離。一家人團圓之後，分離帶來的隔閡曾帶來困惑。好不容易母女之情化解了生澀，望女成鳳的則韞把女兒帶上了習鋼琴和習芭蕾的征程。女兒愛芭蕾而厭鋼琴，眼看危機又要橫生。則韞出門之際，聰明的父親帶女兒去聽了一場音樂會，從此而後，母女同習大提琴，世上竟由此而多了兩位優秀的大提琴手！這種四兩撥千斤的功夫在一個忙碌的現代家庭裡是真正的財富和寶藏。

則韞一路坦蕩蕩寫來，讓我們看到了智多星的精采表現。而夫妻深情，則韞更以首篇〈多少情？〉細細書寫。細細讀來，其溫馨、甜美尤令人印象深刻。

手捧美麗《荷花夢》，感覺那追夢人堅實、迅速的腳步，對給追夢人無限關懷的副刊園地心生感激，對臺北出版界心生感激。有了他們，無數海外追夢人才插上了雙翼。

書　名：荷花夢
作　者：龔則韞
出版社：健行
出版年代：1998

明亮中的美感與哲思

與臺灣的琉璃藝術家王俠軍先生只見過一面，在一個熙熙攘攘的酒會上。他給我的印象是儒雅而有禮，很可能是那副秀氣的眼鏡和深色的服裝匆匆中留下的印象。與王俠軍的作品卻常常見面。最近一次，是在高雄積禪藝廊，藝廊在五十層樓高的一個建築內，占了三樓的絕佳位置。王俠軍的作品又被珍藏在藝廊的玻璃櫃裡。我是匆匆又匆匆的過客，在這些明亮的展品前，自自然然放慢了腳步，自自然然要留下一兩件可以細細欣賞、把玩。

之後，王俠軍在大田出版了他的散文集《品味基因》。細讀這本書，那副圓圓的金邊眼鏡，那身非常合身、剪裁流暢自然的衣服，甚至少言少語卻真誠、坦率的待人接物，都有了一個合理而明確的答案。

他以極少的篇幅談琉璃，雖然他是琉園的主人。讀者絕不能期待讀了這本書，就會瞭解和欣賞琉璃藝術。但是讀者可以期待細讀這本書的同時，在品味和氣質方面的改變和提升。

在讀這本書的時候，我們會萌生敬意。王俠軍寫了一段他和老師之間的互動。他上初中一年級的時候，一堂歷史課，未來的藝術家在紙上畫著各種裸女的圖案，欣賞著「柔軟線條的甜美」。那是一個保守的時代，那是一堂嚴肅的歷史課，老師發現了少年的舉動，也看到了少年的創作，他只是將其丟進垃圾桶而已，並沒有掀起任何波瀾。今天，我們隨著王俠軍回首前塵往事，不能不感謝那位真心愛護藝術萌芽的老師。

王俠軍也以飽滿的激情書寫他對母親的眷戀。「母親穩定的情感包容著許多生活的波動與難堪；那般如山的包容力量，延續著，『藝術家』對生命的種種歡喜與承受。」由海南而印尼而香港、臺灣。母親的堅韌、樂觀與創意不斷地帶給成長中的藝術家以穩定的情感。我們在他後來不斷地改變行業、追求新的目標的過程中，從不氣餒、從不在大風大浪中得出負面、頹唐的結論，這樣一種行事作風裡，不難看到這位母親強有力的遺傳。

當然，我們也從書中找到了琉園的緣起。父親，一位在印尼經商的華人紳士；他有怎樣的收藏我們不能一一知悉。但是，十歲的王俠軍可以把玩一件 Lalique 的文鎮。「簡單的質地，乾乾淨淨的透明光澤，觸摸或觀看都非常動人。」少年注視和把玩這件藝術品的時候，「蒐尋著沉潛在內心的透明感。而碰觸到如此深邃、清涼、平靜的呼應。」Lalique 琉璃藝術的典雅、溫婉、富麗與高貴是人們最津津樂道的。王俠軍看到的是本質的明亮、純淨，以及由此生出的感動。

在我手邊，王俠軍和 Lalique 相映成趣，東方的雅秀、端麗和西方的生動、細膩交相輝映，它們在明亮和純淨中透射出的美感同樣地撼動我。它們有著相同的屬性。

從事琉璃藝術品創造，其中的艱辛，王俠軍一句沒有提，只是說到他這個來自臺灣的「老學生」在底特律創意學院開始學習時，被灼傷的感覺，「毛髮被火舌急速吞噬的激烈痛楚和恐懼。」以及他小時候，用玻璃線放風箏，「沾著玻璃粉的細線十分銳利，往往把我們的手刮出一道道血痕；」但是隨著放線的過程，風箏逐漸高遠，「手指頭傳來刺痛的拉力，握著希望，緩緩放著長線，天空被一綑一綑地丈量，凝聚而龐大，快線盡源絕，求勝的心依舊怦然，那種氣魄和勇氣經過很久很久以後的現在，仍然聽得見！」

那是最早的、與玻璃之間的接觸，伴隨著競爭勝利的是刺痛與血痕。

其他的一切，可以說尚稱平順。照相，攝影，經營照相館，難以忘記的是小時候在印尼，在暗房被關了大半天，「當兩腿痠麻地走出暗房，千萬道刺眼的光芒四面八方、排山倒海般迎面而來，就像底片在剎那間曝光。」但那卻是和風格感覺密切相連的。經營房地產，大出大進，王俠軍得到的啟發卻是「一種態度、一種創意，竟可以醞釀成一場契機」，「在各取所需的生態裡，處處有槓桿，可以借力使力。藝術的創作、產品的設計，從虛幻的意念到具體的感受，或許有如此的渠道可以暢通」。

王俠軍在房地產這樣一種商業行為裡感受到的卻是一種高層次、高品味的成功理念，他認為對生活本身的瞭解、對生活本身的感動才是事業成功的先決條件。

激流勇退，放棄物質和金錢的誘惑，投身於不可知的未來，去換取美感，需要的不只是勇氣，更是智慧。

當然，我們也不會忘記，王俠軍和電影之間的一往情深。電影藝術集現代藝術於一身，電影在光與影之間營造出的一切在文化氛圍中有著不容忽視的影響力。王俠軍不能忘情於電影，卻投身於辛苦、孤單何止千百倍的琉璃藝術，追求明亮的美感。

其動力正是貫穿著《品味基因》這本書的主線。在曲曲折折的生命軌跡裡，無論斷斷續續出現怎樣的不堪，對王俠軍而言，卻是一個又一個輝煌的高潮。最後，面對的是一個美麗的、無所不能的材質。

從Lalique到屈胡利到王俠軍，我們感動於他們創造出的明亮美感；從《品味基因》，我們讀到對美的感悟，不斷的感悟，持續的感悟，而進入新的境界。

書　名：品味基因
作　者：王俠軍
出版社：大田
出版年代：1999

「強迫中獎」以後……

再也想不到的，電子郵箱作出爆炸狀，似乎那負荷過大的郵箱瞬間即會爆裂開來，將其中的「來函」一股腦兒傾倒在屏幕上。邊角之處，紅、藍兩色燈光信號不停閃爍，告訴我，大量英文、法文、希臘文的函件正在郵箱外徘徊，隨時可能破門而入。一些「郵件」正用其「地址」在屏幕上方橫條內展示其重要性，告訴我們，再不容他們「現身」，其後果將不堪設想。

而我，卻正在屏幕上一行行看侯吉諒的《愛不釋手》全文。說「全文」並不十分恰當。在「道地的蘇州館子」後面忽然嵌進一個重要的來函地址，那地址明白無誤地告訴我們，其內容十萬火急而長度只有兩行。

郵箱的橡皮擦也工作得十分起勁，一面將兩頁之前的內容擦去，一面報告著什麼樣的函件正以間不容髮的速度抄近路殺了進來。

我的手指停留在滑鼠上，希望將速度稍稍放慢一點，我的「郵箱」卻毫不客氣地間或加快速度一番。沈周、周臣、文徵明、唐伯虎、祝枝山、仇英、陳淳等等一大票人就和陸文夫一塊兒從雲端直接地進了拙政園和網師園，至於運河、垂柳、叢竹、青瓦白牆的老屋、青石板鋪的街道和穿梭小橋流水的烏篷船們則如同被巨艦劃開的水面，打著旋，一瞬之間就消失在屏幕兩側，連泡沫都沒有留下。

這是絕無僅有的經驗。《愛不釋手》的文字竟是經由此種方式落入我的視線。內心的直覺決定抗拒這種「強迫中獎」的方式，書架側面，一張小小宣紙上「小閣明窗半掩門，看書作睡正昏昏，無端卻被梅花惱，特地吹香破夢魂」。正是吉諒不久前錄的詩，詩的閒適和電腦屏幕上「落字紛紛」的怪狀形成那樣強烈的對比，我忍不住大笑了，連在旁邊忙著為我在亂陣中印出一些文字的外子也抓著兩手紙，忍不住大笑了。

我和吉諒的詩、文、畫、印相伴多年。它們穩穩當當或立或臥在我的書架上、書案上、床頭或茶几上。它們攤開的時候，必有來自羅馬或雅典的書籤十二分溫柔地相偎相依。它們穩穩當當地懸浮於硬木畫框之中，與黃永玉、丁紹光，與埃及曆法，與西藏唐卡，與明、清刺繡作伴。它們也被擦拭得清清爽爽，摩挲得溫潤無比，穩穩當當躺在小小皮袋之中。更有許多時候，它們被攤放在條案上，乾隆爺用過的鎮尺輕輕壓住其邊角，於是，那一幅幅清俊、端麗的畫面就帶著它們飽滿的生命、有力的節奏，或歡暢或曲折的心情，高歌低吟起來。那一切於我而言，於藝術家侯吉諒帶給我的詩情畫意而言是常態，是我愛不釋手的情感模式，是一種無比珍貴的存在，不容更改，不容輕易被破壞。

我終於又一次回到書案，因為外子和「電腦天才」兒子的搶救，我有了大部分的《愛不釋手》的文本，雖然文句上氣不接下氣，在不該停的地方站住了腳，而在應該喘口氣的時候狂奔如野馬，我拿出了小時候跟著外婆學斷句的看家本領，穩穩當當地坐下來，重拾那「愛不釋手」的心境。

謝天謝地，吉諒仍懷抱著手抄書，這般華麗的夢想；仍然努力著透過筆墨呈現自己的生命境界，描摹自己看到的、想像的世界；使用顏色這樣一種抽象的語言表述他所見及其情感，使他那古典而節制的中國水墨變得濃厚、華麗起來。

吉諒依然在尋找一支好的毛筆，尋找一些可以用的古墨，尋找一張合乎當下心情的紙，尋找一方投緣的硯，然後，然後就是在進行什麼、完成什麼的過程中帥帥地前行。

突破著一些「規範」，不停地走向前去。正如蘇東坡所說，「變是人生之常」，當也是藝術之常吧，吉諒看石濤，看傅抱石，看張大千，看李可染，豈不是從那一個「變」字入手的嗎？

看吉諒的文字，畢竟與讀他的畫是不同的，吉諒的性情中有一樣特質是「透明」。他使用中文表述心境的時候，基本上突現出的正是這樣坦誠的特質。他和大家一樣有許多快樂與痛苦，他和大家一樣也有寂寞的時候，他和多數藝術家一樣，需得在粗糙的、荒涼的、喧囂的生活中尋找安放自己的心情。所不同於一般人的，是他如此珍惜自己所碰撞到的每個機緣，連小女兒觀察竹子的方法都會給他啟示，讓他體悟到世間萬事萬物的神奇與不可思議。走一趟地廣人稀的南半球，他也會感受到一般人絕不會從中去比較的東西方美學立足點的差異。一張堅硬易碎的埃及莎通草紙更讓他珍惜宣紙帶給他的無限可能性。

他睜著驚奇的眼睛細看這個令不少人生厭的世界，他更是暢開心靈，吸吮著這個世界上美麗的、繁複多變的種種，從而大大地豐富了他自己的生命。

很高興看到他寫雨的段落。我們常在信中談到雨，職業讀書人雨天捧一杯香茶，縮在椅子裡，再捧一卷書，那感覺是非常自在的。「留得殘荷聽雨聲」，如若辦不到，雨沙沙地飄灑在山茱萸上，也是一景。好文字，好心情，都是寫信的好理由，於是規規矩矩找張信紙，找張美麗的卡片和隔著半個地球的文友聊一聊剛剛感受到的一切，那是一首新詩了。

那新詩卻萬萬不能靠電子郵件來傳遞，似乎在敲鍵的過程中，詩意迅速被稀釋了，不再能那麼溫潤地被觸摸到了，心下一慌，情景更加不堪。

每天寫信是我的日課，作這個日課的時候，我是不肯向電腦屈服的。吉諒也是寫信的人，毛筆字和電腦打字各占一定比例，有時候，電腦打了信，裡面夾上新錄的詩，這封信於是有了新的分量。看到這種信，我才會用「愛不釋手」這四個字。

「慢，再慢一點」，甚至「越慢越好」，不只是江兆申先生教後起之秀的話，也是普魯斯特這樣的作家的行為準則。

節拍放慢之後，思緒清明，什麼聲音都聽得到，又可以從聲音中間作出挑選，只將那好的、美的留下，豈不又是一番天地了。如果節拍放慢之後，出現了一種「經過了千年而應該有的沉著」，那是一個很不錯的境界了。

在電腦與行動電話橫行的網路時代，看葉三寶仍古樸地站在繁華的路邊，是我從這文本中找到的美景之一。

我等著，等著這本美麗的書印製完畢，我還是希望可以捧在手上，細讀、再讀，以至愛不釋手。

我等著，十二分地耐心，一點兒不急。

書　名：愛不釋手
作　者：侯吉諒
出版社：未來書城
出版年代：2001

追蹤笑笑生和八大山人

晚明留下的兩個謎團在一九九八年臺北書市中得解。遠隔千山萬水，我在入冬之後才得著機會捧讀謎底。

魏子雲教授單槍匹馬，就《金瓶梅》的問世與演變探究不止，寫下三百萬言。在二十七年的時間裡，下了無數抽絲剝繭的功夫，鍥而不舍地尋根探源，終於成就了《金瓶梅的作者是誰？》。有關《金瓶梅》，這是魏先生的第十五本書。這本書由臺灣商務印書館於一九九八年七月出版。

《八大山人之謎》則於同年八月底問世，由臺北里仁書局印行。多年前，魏先生在臺北國立故宮博物院見到八大的幾幅〈傳綮寫生冊〉，其畫其詩吸引魏先生再三讀之，詩與畫深長的意蘊引得心底疑雲大起。一九九二年在南昌青雲譜又見〈八大山人小像〉，像上題跋遂引發了探討工程。經過數年蒐集資料，將今天文史學界就八大山人身世所作出的公論推倒，揭開了謎底。

一本書，字字見真章，將一個人的無奈與苦痛層層揭開。十五本書，頁頁不離晚明歷史大環境，將小說作者、序作者以及那個時代的人文景觀細加推敲。

於是，四百年來的迷霧竟由一人之力，在二十多年之內廓清，成為二十世紀中國文史學研究境域內極重要之成就。八大和笑笑生終於得以含笑九泉。

八大書畫一向如煙似霧。珍愛八大作品的人們常在讀其書畫時感覺暈眩。八大又曾出家，研究者更常以佛學、禪理來推演八大思路，結果則可能相距實事更遠。

魏先生謙說他對八大書畫未嘗下過大功夫。但他看書看畫，卻看書畫作者的真性情，由此而生疑問，而遍訪文獻、史料，從史乘入手，更向明代宗藩史上去尋究。生於一六二六年（天啟六年）的八大山人，辭世已逾三百年，其積鬱難平，其「謾將心印補西天！」的無奈和痛苦是真，其亦僧亦道亦儒之外表卻只是掩蓋矣！

拜讀這本「追蹤」八大山人的書冊，半點不覺考證的艱澀，反而由於八大真性情的不斷被揭示而讀得極有興味。

反觀《金瓶梅的作者是誰？》，捧讀之際卻常有猛醒的滋味。

三百萬言的研究、比對、去偽存真的過程，在這一本二五〇頁的書中有了結論。

最早出現的《金瓶梅》是一部不完全的抄本、一部關乎政治規諫的說部，那時應是萬曆二十四年前後，而十年之後出現的後期抄本才成了《水滸傳》之姊妹淘。但這後期抄本卻有了多個刻本，且相異之處多得很。於是，我們明白：抄本有前後期，刻本也有前後期。現存之《金瓶梅詞話》並不是傳抄時代的《金瓶梅》！

而寫序的欣欣子和寫說部的笑笑生兩位，自一九三三年起，由鄭振鐸、吳晗等人提出意見否定「王世貞」說，也又過去近七十年了。其間書冊不知凡幾，「候選人」更有三十多位。

自然，無據不能以為言，有據若不能以為證，也不可勉以為言。寫小說的人離不開他生活的時代，他的心境，他熟悉的語言，他所涉及的其他「文學類」。

魏先生憑他的慧心、慧目、學養、「修辭立其誠」的心胸、精到的義理訓練，和今人黃霖、鄭閏明確為《金瓶梅》原作者提出證據。

事情還沒完，魏先生認為辯證之中，尚有待補之功，八十二歲老人告訴筆者，他還有一本書要寫！

魏先生最期待的，卻是各方學人提出不同的意見，參與去偽存真的過程。

書　名：金瓶梅的作者是誰？
作　者：魏子雲
出版社：臺灣商務
出版年代：1998

書　名：八大山人之謎
作　者：魏子雲
出版社：里仁書局
出版年代：1998

聽廖玉蕙講故事

一向偏愛溫柔敦厚的書寫。每逢張牙舞爪的文字，雖然依舊耐心讀完，合卷之時，心頭總是悵悵的，不能明白的是，何以中文也會如此張狂。如果內容好，也會寫篇小文推介一番，心頭的悵惘卻會長久存在。

今次讀廖玉蕙近作《讓我說個故事給你們聽》卻是雙重享受。文字的溫柔敦厚和內容的健康、積極互為補充，讓我們真切地感覺到作者的熱情和執著。讀得愉快，讀後思之再三，是我對這本書最初也最直接的感受。

初識美麗的作者是在洛杉磯一個文化會議上。大型旅遊車把與會的人們由旅館接到會場，再送回旅館。開會的時候，坐得遠，身前身後的人都是面目模糊。在車上，身邊的一位就有了機會攀談。我看到一張溫暖的笑臉，坐了過去，正是玉蕙。她說出了名字，我想到了她的《不信溫柔喚不回》，忍不住微笑起來，如此美麗的笑臉怎能喚不回應有的溫柔。三言兩語中，又聽出了她深知人間冷暖的智慧，禁不住想到她的《賭他一生》，封面用了夏卡爾的〈周年〉，裡面的短篇小說都是四個字的題目，什麼〈真相大白〉、〈馬失前蹄〉、〈晴時多雲〉、〈滿目悲涼〉之類，看在過來人眼裡真是貼切，一一道出婚姻中萬千面目的弔詭莫測。

客客氣氣分手下車之時，我對玉蕙的坦誠和智慧已有了相當深刻的印象。

之後，有了這本《讓我說個故事給你們聽》的書，除了玉蕙本身的魅力，還有對九歌叢書的偏愛。兩天會期中，本來帶在身邊為高行健作品演講會準備功課的《靈山》被留在了旅館，整日不離手的是玉蕙的這本小書。文友相詢，這本書講的是什麼？大家擦肩而過，怎樣用最短而最清楚的語彙說明這樣一本看似平淡卻滿含激情的書。我遂回答：

「她在寫人群。」

玉蕙是一位講故事的好手，但那大概和她擔任教職並沒有直接的關聯，她的熱情，她在語言方面的嚴格訓練，她對人群的關愛才是主因。

在洗練、簡潔、生動而傳神的述說中，我們看到了臺灣的人群，臺灣的政治風景、文化風景；大停電與大地震、公共工程帶來的悲憤與歡笑，聞名世界的選舉風暴，人群間的情與義，在在從玉蕙的故事中流出。結尾卻用一位醫師頻頻講故事給她聽的故事點睛，突現了玉蕙故事的寓言性，使得這本二四五頁的小書倏地增加了分量，沉甸甸地壓手。

擔任教職，為青年解惑；玉蕙如履薄冰，時常自省，她熱情投入卻又清醒看到：

學生在關懷的大傘下得到短暫的清涼，錯以為事件已經終了，帶著淚痕和微笑離去。而我的憂心才剛開始。終究，人生的障礙不會自動消失，真正走到炙熱的太陽下流汗或流血仍屬無可避免。

不止是作學生們的老師和朋友，更是透過書寫在和更為廣泛的讀者群交換對人生大課題的看法。

人常說：散文難寫。說穿了，無非是面對自己的難，除了智慧和勇氣之外，也需要知識，需要能力。在〈癡狂記事〉裡，談及由迷你裙到喇叭褲的年代裡，作者本人由青澀轉入成熟的一些片斷，明示青春期中的痛楚無論怎樣的深沉、無邊，原來竟可以隨著歲月死去而不留痕跡。玉蕙是真正的「中文人」（大概是玉蕙自創的詞，指教中文、寫中文之人），她用了短短一頁自述心事，結語是這樣的：

〈重相逢〉像一首預言的歌，卻迴異於何其芳〈預言〉的纏綿，它嘲諷地預言了二十年後的風流雲散：雞尾酒會裡，舊夢如同飄過的風，隔著衣衫鬢影，你冷眼遙望，知當年的痛早早散了，以為將如江河滔滔，卻連溪水潺潺都不曾。

雖則「屬於喇叭褲年代的愛恨怨嗔」終於褪了流行，且已「消逝無蹤」，但玉蕙透過書寫卻在讀者心底重重劃上一筆，刻骨而銘心，揮不去，忘不掉。

據作者夫子自道，她的研習背景是戲劇，出現在她文章中的對白多精采，哪怕是發議論也是神氣十足，似乎可以聽到作者的聲音、看到她大發議論時候的神采。〈啼笑人間〉一文是個絕妙的例子，〈當高天民遇到陳進興〉也是妙不可言，將「媒體聞風起舞」的種種表現繪聲繪色一番，笑中有怒，極為傳神。

玉蕙談到媒體不但追蹤陳進興作案且不斷到處採訪、製造新聞，陳向報界投書後，報上居然出現投書「文章通順、字跡清秀，不似出自陳嫌之手」的報導。筆鋒一轉，廖玉蕙跳腳嘆道：

這樣的報導真氣壞了許多長年被媒體退稿的作家，他們一輩子兢兢業業在稿紙上寫下的嘔心瀝血之作，不但字跡蒼勁有力，而且內容鐵定有益世道人心，行文較諸陳的投書更加流暢自然，想在媒體最角落的地方安身立命猶不可得。陳進興那手其貌不揚的字，居然大受青睞，頭版頭條也就算了，內容文采還備受稱道，這世界還有公道嗎？

真正「中文人」本色！我忍不住拍案叫好！全書讀畢，撫著她先生繪圖、公子設計的封面，在扉頁上貼了一張來自米蘭的藏書票，就勢把對作者的珍愛藏進心底，仍覺思緒起伏、意猶未盡。

後記：玉蕙和蔡先生一道來美國「採風」，於是我也就有了機會，不斷聽到她講的故事，也就有了她的倩影留在書房中。文友電話中，「廖玉蕙」這三個字更是常常聽到了，溫馨、悅耳。

書　名：讓我說個故事給你們聽
作　者：廖玉蕙
出版社：九歌
出版年代：2000

貼心的小說

偶爾，書脊上一個特別的編碼會引人注意而生發出重溫一本書的願望。二〇〇一年夏天，因為在三民書局出版一本散文集才猛地發現「三民叢刊」已然出版了兩百多本書了。由對社會的關懷而進入文學的世界，兩百多本書集合的華文文學創作者遍布全球各地，是一個相當有分量的陣容了。

「三民叢刊」第二百本的作者是鄭寶娟，這本《再回首》二〇〇〇年一月出版。在世紀交替的日子尚未到來之時，我已經讀了鄭寶娟這十三篇小說，細心地貼了藏書票，把它和海外中文小說家的作品放在一起。

夏天，華府悶熱多雨。暴雨傾盆的日子，坐在落地窗前看小說，小說內容要有點人間煙火氣；語言也要親切、平實。讀詰屈聱牙而又自說自話或乾脆自造些別人無從揣測的字、句，就不能舒服自在地在雨前讀，而必得鎖著眉頭在桌前「捧讀」。

為了讓自己可以有那麼一個稍稍輕鬆自在的午後閱讀時光，我重回書架，一眼看到那書脊上的二百號，於是再讀鄭寶娟的小說。那些不屈從於「風格」、「主義」、「流行」的小說，它們非常地貼心，我相信，這是再讀鄭寶娟的時候，會產生的一種感覺。

鄭寶娟對讀者沒有寄予太多期望，並不指望讀者從小說中獲得多少教益，她決不把她自己對人生的期待，不把她自己的理想放進小說，她更不幹任何聳人聽聞的事，不讓讀者在飽受驚嚇之後惡夢連連。

但是，小說家卻絕對是細膩的，小說人物的心底活動被一支筆細膩地記錄下來，小說人物的行動坐臥也被一支筆細膩地描摹下來，於是讀者看到了「似曾相識」的一幕幕人間悲喜劇，而產生共鳴，產生認同，認同小說的真實性。感人的小說，似乎都是貼心的，都是「看得下去」，都是「不忍釋手」的。

〈奇寒無雪的季節〉寫貧窮，寫在紐約這樣一個地方，來自東方的文化人那窘迫的生活，那「死要面子活受罪」的萬般無奈，寫得極為逼真。姊姊是一位藝術家，姊夫也是國內一流學府外文系的高材生，但已在生活的逼迫下「棄文從商」，經營起一個小小的雜貨店。在商業社會裡，仍然在文學、藝術的領域裡還有夢，而文學或藝術的「產品」並沒有廣大的市場或肯出大錢的買家的時候，藝術家們必得尋找另外一種營生，或者在從事別的營生的同時也得維持一種相當儉樸的生活。這，本來是生活的常態，當今世界各地的藝術家們大都有著相同的感受。但是，從臺北來的弟弟看到姊姊坐在洋裁機前車衣服的時候，他沒有敬佩之心，他不覺得姊姊在用正當的勞動維持家計並且仍然堅持一種精神層次的追求是一件值得敬佩的事。相反，「心底深處，很奇怪的，暗暗的，恨著正忙於生計的他姊姊。」「……是的，雁西恨他姊姊，也恨他姊夫，恨他們不爭氣，恨他們窮，又因為這恨而感到一種難以界說的痛苦。」那痛苦不僅是心理上的，更是生理上的，雁西痛苦得胃都痙攣起來，常常要嘔吐了。

所以，我們看到了，正是那恨意加入了對藝術家姊姊的侵擾、傷害和殺戮。在無力抵抗的情勢下，姊夫死於肝癌，那是小說一開始就交代了的。於是，我們看到了寒徹骨的情勢正是由那恨意而推向更加令人絕望的境地的。

在〈母親〉裡，那兩個孩子的母親已然斷氣，但危險迫近孩子的時候，那斷了氣的屍身仍然能夠奮起抵擋而護住孩子，那已經不是一般的母愛了。那裡面有著一些人們常識中並不存在的驚人力量。生、死都無法阻斷的力量，在貧病交加的人生中，在恐懼、絕望之餘，讓我們看到那無可比擬的真實力量。

〈向日葵〉是另外一篇靜思之作，有著罪案在身、亡命天涯的父母的孤兒來到無水無電的鄉間投奔遠親老人。老人卻寶愛著這一個突然來臨的生命。世俗的、社會的價值觀對老人沒有半點影響，他只是寶愛著那一個原本應當是美麗的生命，老人的善與將孩子推向老人的惡正好極為強烈地對峙著，終以善的勝利結局而使讀者一直高懸的心穩穩地落在了實處。

〈陷阱〉、〈被侮辱與損害的〉卻是毫不留情地坦露功利社會裡的惡，男女之間的那些與愛情無關、與婚姻無關，但卻可能使男人或女人心中的善意完全死滅的那些黑暗的、醜陋的角鬥。

作者長期住在國外，但她寫起臺灣的城市與鄉村，寫起發生在城市和鄉村的故事，寫起城裡和鄉間的男女老少，卻是極為貼切而傳神的。她不是在寫聽來的故事，而是在寫心中湧動著的故事，鮮活而生動。

作者描述細節方面的細膩與她在架構小說的冷靜使其作品常常隱含了很多的、引人深思的議題。

〈在旅途上〉、〈金疾雨〉以至〈曾經〉和〈再回首〉諸篇裡都從各個層面寫人對「愛情」和「婚姻」的迷茫，作者對那些將兩者等同起來，視兩者有因果關係或只追求其中一種而並沒有看清其本質和方向的種種虛妄都不寄予任何情感，只一味地、入木三分地描述它們、剖白它們。

讀者從無數情節中必能找到和自己分外貼心的場景，或驚悸、或震動、或感懷。只是，不會無動於衷也不會漠不關心。小說於焉成功了。

書　名：再回首
作　者：鄭寶娟
出版社：三民書局
出版年代：2000

有容乃大

在華府文化圈活動中，常見陳香梅女士，她依然如同擔任記者工作的青年時代一樣敏銳、一樣有效率。她的活動範圍早已不只是文化界、軍界和企業界，她是華府政壇不可或缺的巾幗英雄。她心胸寬廣，她的知交遍天下。她成為一種穩定的力量，人們看到她會想到的精神是寬容，是堅韌，也是穩定與祥和。

將近四十年前，香梅女士用英文寫了一本情感真摯的好書，題目叫做《一千個春天》，在紐約出版，印行二十次，受到各界讀者長時間的熱烈歡迎。兩年之後，中國時報出版社就出了中譯本。三十年之後，大陸的山西書海出版社再次翻譯，又出了一個中文本。至此，陳納德將軍為之奮鬥多年的臺海兩岸的中國人都看到了這本書，得以重溫四十年代那血與火的日子，再次感受中國人民的真正友人陳納德將軍的風骨，對陳香梅女士有了更深一層的瞭解。

這一個漫長的過程足足拖延了半個世紀。香梅女士耐心地等待了將近半個世紀。如果只用「等待」，似乎並不確切。她是積極的，認準了目標就持之以恆地努力著，決不輕言退卻。這種作風正是陳納德將軍的作風，我們從《一千個春天》裡可以清楚地看到。

將軍在三十年代來到苦難的中國，以克難精神組成了飛虎隊，完成了無數次飛越「駝峰」的「不可能完成」的任務，將援助實在地帶進了正在浴血奮戰的中國。飛虎隊也以高超的戰術、精湛的飛行技巧和戰無不勝的意志，無數次摧毀日軍補給線、日軍地面和空中的軍事優勢，最大程度減少了中國人民的犧牲。這就是為什麼雖然將軍腹背受敵，不但要對付兇殘的日本軍國主義也要小心對付身後的掣肘，但他卻贏得了正在抵抗日本進攻的中華民國政府和人民的最高敬意。他的空軍基地被日軍占領，中國的老百姓肩拉手扛馬上為他鋪平新的跑道和機場。戰爭行將結束，他必須離開為之奮戰八年的中國，政府和人民熱情地表達了對他的尊敬和不捨。

戰後，將軍有的是發財的機會，但他又一次回到中國，組織航空公司，援助大戰之後亟需恢復的中國。在內戰的硝煙之中，他和中華民國政府共進退，一步步南下，更為臺灣的航空事業奠定了基礎。如果他不是那樣捨生忘死，如果他不是那般無私無悔、不眠不休，他很可能會多活很多年。也許，正是在他廢寢忘食，為一個他連語言都不通的國家拚命工作的時候，癌症乘虛而入，奪走了他的生命，留給他年輕的妻子、幼小的女兒無盡的哀傷。

但是，正如香梅女士在書中所描述的，將軍是一位偉大的戰士。他辭世前仍飛回臺北，最後一次處理航空公司的事務。真正做到了鞠躬盡瘁，死而後已。

對待這樣一位赤誠的友人，一位英勇的戰士，老總統蔣公和夫人也表達了他們的熱誠。老總統信任將軍，在戰爭中他們合作無間。將軍重病，蔣夫人美齡女士從臺北飛往美國探病，並親自參加將軍的葬禮。香梅女士書寫了蔣夫人威嚴地站立在送葬的行列裡，在驕陽下的肅穆與端莊。

一如西方世界對蔣夫人不可泯滅的尊敬與熱愛，是有其不可動搖的緣由的。將軍離去之後，老總統和夫人誠摯地關心、愛護著香梅女士和兩個女兒，情義深重。我們在書中，也深深感動於將軍和香梅女士至死不渝的愛情。香梅女士出身名門，家境優裕，但她從小富於悲憫的情懷，關愛世間受苦的人群。她也不必留在戰時的昆明，完全可以飛去美國，過著風平浪靜的日子。但她不能忘情苦難的中國，不能無視中國人民的血淚。她要和中國站在一起。我們相信，除了將軍的個人魅力之外，相差三十歲的兩個人愛情的一個重要基礎正是他們對中國的深情。於是不同種族、不同背景，連宗教信仰都有差異的兩個人走到了一起，在異族、異文化婚姻中成為一對典範。

書中有一段談及身為天主教徒的香梅女士為兩個女兒受洗，事先憂慮著身為基督徒的將軍的反應，而悄悄帶孩子們受了洗。她實在不願這件事成為兩人之間的裂痕，內心煎熬著。將軍沒有震怒，只是和風細雨地說：「這件事對你如此重要，就依了你吧！」

我們看到的正是一顆寬容、充滿了愛的高貴心靈。

反觀香梅女士，一位行動和思路同樣敏捷的新聞記者，多年如一日，謹守著「中國妻子」的本分，十二分珍惜這來之不易的愛情和婚姻，以丈夫的工作、丈夫的需要為前提，完全不計自己的付出，成就了婚姻的美滿，長久地延續了愛情的純真。那，又是怎樣一種精神呢？

時序進入二十一世紀，人的觀念發生了很多改變，對於中國三十年代、四十年代、五十年代那一段歷史，有人刻意要模糊它，有人刻意要歪曲它，有人刻意要淡忘它。

對於香梅女士，很多人也只表面地將她看作政治人，充其量是社會活動家，而忘記了她是文學人。

閱讀《一千個春天》，無論中文本或是英文本，對上述問題都可找到最貼近真實的回答，同時更可以學習有容乃大的精神。

書　名：一千個春天
作　者：陳香梅
出版社：傳記文學
出版年代：1988

燕子歸去

張北海寫武俠了！一位熟透了紐約的「將近酒仙」寫了本五百頁的近代傳奇。故事的地點是老北京，時間是一九三七年盧溝橋事變，日本人占領北平的前後。

友人說，臺灣讀者難以消受三百頁以上的書籍。手捧麥田這本大製作《俠隱》，厚重的書卻負載著一個講得十分流暢的故事，說書人張北海並沒有大吊讀者的胃口，也沒有賣什麼關子，只是從容不迫地把聽故事的人帶進北京的胡同裡，由國外而國內，由江湖而社會，寫了一個黑白分明、忠奸立判的好聽故事。

對我來說，卻是重回住了十四年的北京東城。一位美國醫生馬凱很偶然地救了一位孤兒李天然，將其攜往國外。繞了一周之後，身懷武藝，心卻被泡在血海深仇之中的太行派掌門人回到了北京，暫時住進了馬大夫的家，乾麵胡同十六號……故事說到這裡，不過十二頁而已，我已經打定了主意，要把這個故事仔仔細細地讀到底。因為我住了十四年的地方正是乾麵胡同二十號，離馬大夫家、離行俠仗義的李天然住過的地方只不過兩個門口而已。

張北海出生北京，祖籍山西武台，隨家人跨海來臺求學，再遠渡重洋來到美國紐約一住多年。在他那本《天空線下》夾著一張聯合國的信箋，上面是北海的大字：「謝謝你的卡片，謝謝你喜歡我的文章，有空來 N.Y. 的話，請來找我。」那是一九九五年的冬天，快過年的時候。在那之前，我們早已在 Soho 區一位現代藝術家的客廳裡見過面。他很瘦，衣服穿得很適意，脖子上有一角紅色小圍巾，讓人想到美國的民歌手。他的話不多，卻很溫暖。他手上總有一杯酒——威士忌加冰塊，他的手指很細很長，那麼不經意地「提」著那杯酒，晃看，思緒大概也飛得很遠。

好幾年不見了，他大約已從聯合國的工作崗位上退休，住在紐約，寫他的懷鄉小說。在《俠隱》裡，沒有作者介紹、沒有序和跋，只是這部小說，非常的純淨。作者是誰並不重要，重要的，只是小說，或如麥田提綱挈領的一句話：回歸純粹的閱讀樂趣，那是麥田小說的宗旨，想來，也是北海所期待的。

於是，我跟著說書人在北京遊走。出乾麵胡同西口，經燈市口，往王府井，或出口就往北，直奔東四隆福寺。或者出東口，往南小街、朝陽門、北小街……

東城之外，尚有西城、北城和南城，北京並不大，四四方方的，故事就在那裡上演，伴著老北京的吃喝，老北京的吆喝聲，夜深人靜時分，那一聲聲吆喝，連節氣都擺明了的。

我跟著俠士李天然的腳步穿房越脊、飛簷走壁，伏在仇家的瓦房頂上，靜靜偵察敵人的動靜，跟著他手起拳落立斃那些不忠不義的奸邪之徒於掌下，感受著主人翁內心的狂濤與悲涼。

際遇使然，李天然將前輩燕子李三的名字留在現場，洞若觀火的「將近酒仙」則把他的英名傳播出去，恍恍然，傳奇與現實交織在一起，美麗至極。

小說中人物個個面目清晰，唯獨這神機妙算的將近酒仙沒有交代。他自然有北海的影子。我甚至想，那位在順天府飯莊樓下端坐撥算盤的白鬍子老者，見了李天然進門，頭都不抬，大概就是那「將近酒仙」的味道了。可不是嗎，北海這本書，真是酒天酒地，從老白乾兒、燒刀子喝到威士忌，走到哪兒都「接著喝」，豈不就是北海這位「將近酒仙」？

然而，全書最最令人心動的卻是那一聲聲呼喚、一聲聲吶喊。老北京的生活方式，老北京那迷人的風韻，打從日本人進了北京，就再也回不來了。「……不管日本人什麼時候給趕走，北平是再也回不來了……這個古都，這種日子，全要完了……一去不返，永遠消失，再也沒有了……」一九三六年，日本人尚未進入古都北京的時候，北海降生在那個風韻十足的老城裡。六十餘年後，北海隔著大洋，懷著一腔熱血和激動不安的心，回頭遠望燕子歸去的剪影，寫下這樣一部小說，帶著我們回到那個「永遠消失，再也沒有了」的古城。

不錯，我曾住在李天然每天必經的地段兒上。今天我仍然可以準確算出李天然在每一個不同地點之間往返的速度。小說細節的準確性提供了每一個可能。

然而，我生活在那裡的時候，和那古城的永遠消失之間隔了兩個時代——日本人敗走和共產黨占山為王。我小時候，四合院神已走，形還在。不等我離開，四合院已不成形，到了《俠隱》成書的日子，四合院成了古董、珍奇。北京人多數除了一口京片子以外已和老北京沒有半點血緣關係。

是輓歌吧？不為武學，或不只為武學；為李天然一般的忠義之士或不只為抑惡揚善的艱難，唱一曲輓歌。

北海痛悼的，是一種文化的消失，是老北平的永遠消失，一去不返。

燕子，如今你在哪裡？

我把北海這本書和他其他有趣的書擺在一起，《俠隱》的沉重與貼心讓我忍不住地把它放在中間，高高突起，每每一眼可以望見。

書　名：俠隱
作　者：張北海
出版社：麥田
出版年代：2000

濃妝淡抹皆相宜

翻看西零短篇小說集《總是巴黎》，很容易就生出好感來。封面上，不知是作者或是編者的主張，在「小說」兩字下方，用小一些的字體再書「異小說」。何謂「異小說」？通俗一點應該是與尋常小說有所不同的文字。然而，今日之「小說」早已千奇百怪，貼上「異小說」標籤，反而讓讀者覺出了作者或編者的坦誠，想看看能「異」到什麼程度，是不是難懂得一塌糊塗？

封裡兩頁空白，有足夠的位置貼藏書票。再往下看，沒有序，作者不肯自序，也不肯請名人寫些美文放在前頭，編者更不加按語。清清爽爽，西零以作品和讀者相見，更見其坦誠。再看封底，裡面沒有跋，西零不談「創作理念」，也不談經驗，小說完篇似乎就沒她什麼事了。編者放了個「關於本書作者」的告示在書的最後，五十三個字而已，十分簡練。封底則是作者一幀黑白照片，作者以其友人的水墨畫作背景，拍了這張照片。西零的友人是名人，但這位名人只是不著痕跡地貢獻了一張畫作背景，沒有寫一個字。看著這張照片，覺出了作者的矜持和內斂。似乎，那是一位嫻靜的女性，不會張牙舞爪。

全書雖是小說集，一共卻只得兩篇。首篇即〈總是巴黎〉，與書名同，分三章進行。下一篇是〈西行故事〉，緊鑼密鼓，一氣呵成。

細讀之下，這兩篇小說的寫法以及生出的效果完全不同。

〈總是巴黎〉有一點像是歐洲電影。看起來，並沒有什麼大事發生，一位東方女子「我」和三個法國青年之間的互動。兩男兩女，性自然是會涉及到的，但那不是主要的東西，主要的是疏離，無論人際互動遠或近，疏離，人際之間的不瞭解、人的面目模糊是一個主調。這四人之外，仍有些別的人在周邊遊走，「我」在故國的親人，通信之間自然是「無話可說」。在他鄉異地求學、打工，清貧的日子，學業的難以攻克以及灰濛濛的人際關係，當然不是交談的好題目。「我」只好沉默。對來自北京的友人，也同樣無話可說。大學女生和老師之間，女生與女生之間，女生與男生之間都有些事情發生，一點不難懂。

重要的是，西零直截了當地寫出了多數華文作者極少敢於或情願去面對的事實：人不可能徹底瞭解和占有另一個人。人是完全疏離地存在於世界上的。表達這樣一種認知和心境，作者採用的是淡掃蛾眉的筆法，句子短而直，從離事實最近的角度切入，毫不留情。

其實，在這篇小說裡，有一件重要的事情發生，「我」的女友，一位法國女孩，被歹人強暴，那歹人臨去時還丟下了二百元錢，確定了一個「買賣」的關係。雙重的、身心兩方面的凌辱。西零的書寫中反而是「好奇」的成分居多。離哀傷之類的情愫相當的遙遠。讀這篇文字，使讀者不得不直面沒有半分溫情的人間世。

〈西行故事〉卻有著喜劇色彩，一些中國大陸的新移民來到了法國這麼一塊並不可親的土地，他們自己發生了變化，他們之間的關係發生了變化。作者用彩筆妝點這些故事，文字俏皮，生動活潑，和〈總是巴黎〉的輕描淡寫形成鮮明的對比。

尤其令人噴飯的是大陸女性在法國男性張口就來的「甜言蜜語」攻勢下，完全沒有招架之力的「慘狀」。希望過好日子，希望房子大、經濟寬裕、希望丈夫出人頭地又在自己掌控之中，這個美夢在面對法國男人的時候完全潰滅。這也是實實在在的人生。〈西行故事〉裡面，內心浮動比較豐富又能在真實人生中立定腳跟、有所追求的，就是外號「胡蘿蔔鬚」的胡之緒了。千難萬難，內心掙扎許久才接來的老婆，眼看就要煞不住車、經不起誘惑地滑向西方男人完成真正「西行」的當兒，胡之緒卻能安定心神，捧讀書本向著自己的「西行」目標奮進。

故事沒有太多結局，但方向都一致，都是朝著西方走，分手也好，繼續左右搖擺也罷，卻都一致地向著一個物質生活優裕得多、精神生活相對「浪漫」的西方前進，喜劇的表面之下，有著些許悲壯。

不同的，是〈西行故事〉的主要人物都是奮力西行的中國人，和〈總是巴黎〉裡面那許多西方人不一樣。作者更加有味地書寫她熟透了的一種場景、一種氛圍，用的是大陸人熟知的語彙。渲染出一個紅紅綠綠、熱熱鬧鬧的世界。讀者讀這些文字常會忍俊不禁。

合卷的時候，我又看到了作者的照片，低眉順眼的她，內心大概是相當堅強的，心中的波瀾不會任由「軟綿綿」的個性去闡發，卻透過書寫露出了一些端倪。讀者大概在放下這本書的同時會猛然間醒悟。「我讀到一個故事了嗎？」好像沒有，「我」的面目清晰嗎？也沒有看清楚。那些法國人長得什麼樣子？好像和時裝雜誌中的照片差不多。照片後面那個人在哪裡？連影子也摸不到。那些中國人呢？亂哄哄地，又叫又嚷。面目比較清楚的，大概是那個和英俊小生離婚而決心和法國人共度此生的大陸女子王雨。

但是，都不要緊，讀者很可能回頭再看這本書，因為作者無論使用彩妝或只是黑白兩色，都成功地描摹出一種真實，它是大家生活於其中的人世間，我們不必在乎那是不是大陸或臺北，或那是不是捉摸不定的巴黎。

書　名：總是巴黎
作　者：西零
出版社：爾雅
出版年代：2000

生命之旅

二〇〇一年五月，在臺北三民書局看書，一眼掃見劉大任在皇冠出版的第十一本集子，題目叫做《我的中國》。劉先生文章好，劉先生文字中透出的耿介和蒼涼在今日華文文壇上都並不多見，他有新作問世，我自然照收不誤。

劉先生在「後記」中說，《我的中國》實際上是「我的中國情結」。但從我這個讀者看來，集子的題目相當貼切，因為那確是作者、確是劉先生自己對中國的複雜感受。一位熱愛自己的故土、熱愛自那故土上生發出來的語言文字的知識分子，他由希望而幻滅，由幻滅而重燃希望，由熱情而冷靜那樣一個過程，由他自己整理出來，呈現在讀者面前。

劉先生以「艱難苦恨繁霜鬢」為題作序，時間是「一九九六年五月二十二日於紐約自宅牡丹花盛開時」，同年七月一日改寫。後記則完成於二〇〇〇年六月二十二日。版權頁上，著作完成日期是一九九〇年二月。全書在香港發行的日期是二〇〇〇年七月八日；在臺北發行的日期是二〇〇〇年七月十五日。

這樣一個「十年磨一劍」的過程居然出現在進入E世代的二十世紀末，使我們這些文學類的書蟲們心生感激。因為我們都確信，文字是需要磨礪的，而且，越磨越好，似乎也是定理。但是，劉先生卻明白告訴我們：「不為過去塗脂抹粉，也不抹煞未來的生機」，是整理、編輯、校讀舊作的基本態度。因此「字句修改不多，除手民誤植的錯別字外，即偶有現在看來彆扭的字句，也一律不動，無他，不願以後見之明設法掩蓋也。」

劉先生早年學習的是哲學，出國求學又曾專攻「現代中國革命史」，文學於他而言有其「偶然性」，又有其「必然性」，在這本集子中，我們可以清楚看到一位誠實的學人、一位嚴謹的文學家對待自己、對待自己作品的原則和態度。

坦白講，雖然自己比劉先生晚生了好幾年，但是因為畢竟在中國大陸居住的時間比劉先生長得多，而且一連串的浩劫都沒有躲得過去，待離開中國大陸且有了機會見到劉先生的文字的時候，內心裡，壓倒一切的情感是痛惜。雖然劉先生一再說：「我們這一代的人文素養，是不及格的。」但我們仍然可以從他的文字裡感受到中文的美，尤其是他對文學的虔誠，對中文文學的虔誠，令人感動。他那種可以拋開一切私利而去求真的精神每每讓我在讀他的文字時為他捏一把汗。因為，我清楚知道，中國大陸，那是一個能夠使任何夢想都徹底破滅、粉碎的地方，到了二十一世紀初的今天，並沒有絲毫的、本質的改變。

這本集子的第一輯，標題與書名同，在「開場白」裡，劉大任開宗明義，指出自己屬於「一小撮已然被歷史淘汰卻又在人間留有些許餘溫的人」。他們在抗日戰爭前後出生，「彷彿與生俱來，更一生一世無法超升，永遠陷在某一種現實的泥淖裡。」

「這個殘酷的現實，對這一小撮人而言，就叫做『中國』。」

他在這一輯裡收了九篇回憶文章，尤以「開會」、「三面紅旗」、「地下黨」、「戰報」之類的似曾相識的標題使我們這些熟知大陸形態的讀者感覺興趣，很有興味地讀劉大任以詼諧的文字談及保釣運動。除了詼諧之外、滑稽之外，還有一些別的情愫。在〈開會〉一文中，第一句是「生活裡淘汰了開會，真好。」一句話，說到了我心裡，雖然「開會」於我而言，永遠是無奈而被動的，於劉大任和他的朋友們而言卻曾是主動而積極的。有趣的是，他談及保釣中期一九七一年四月之後一個「極機密的核心小組會」，其結果是這樣的，「總之，到達預定開會的地點後，立刻覺得有點荒謬，偌大的公園裡不見一個人影，沒有一部車輛，只有我們幾個人，冷颼颼地瑟縮在一張野餐桌旁，討論一個不但美國人毫不關心甚至中國人也不可能長期關心的保衛釣魚臺運動的策略問題。」會議的地址更是在遠離釣魚臺島何止萬里的美國西部。

諷刺嗎？自然是的，作者這樣作結語：

談這段往事，對我來說，所有的意義似乎只在於：我發現自己學會以喜劇眼光回觀過去，或許暗示我無可挽回地步入前景已經無所希冀的年齡層，本應因此悲哀才對，然而，很奇怪，卻一點傷感的情緒也沒有，彷彿看見的，只是路邊偶然發現的一株可人野花，獨自享受無須有任何其他意義的純生命之旅。

這旅程「走過蛻變的中國」，甚至走進「人類的陰影下」。在我們熟知的一些地場，比方北京人藝，比方三峽，作者思辨來時路以及今後的願景。在我們熟知的一些理念，如環保、如美國民主政治，美國人對「公權力濫用」的恐懼以及由此生出的防範之道，作者則是滿腔熱情地為臺灣、為中國大陸設想建設之途。這個建設之中更是包含了心理建設的種種議題。而我們，對保釣運動並無深入瞭解的讀者則從中學習到，那一個漸漸被人忘懷的保釣運動，「絕不只是為了爭奪土地與資源，真正的焦點是：中國人怎麼成為現代人？中國怎麼成為現代國家？」

如此重大議題卻透過一支文學的筆來呈現。值得全世界華文讀者細讀。更不用說，我們透過那四輯赤誠的書寫，可以細細討論文學人劉大任那一段引人深思的生命旅程，而獲得啟迪。

書　名：我的中國
作　者：劉大任
出版社：皇冠
出版年代：2000

逝去的家園

在我離開塔里木二十六年之後，看到年輕的安徽作家陳曙光先生這本圖文並茂的書，寫他看到的塔里木，寫他感覺到的塔里木，我的心充滿了感激。

久違了，親愛的塔里木。我撫摸著手上鑲著紅、藍寶石的英吉沙小刀。瘋狂的年代裡，我是在途中，在前往另一個流放地的途中，經過英吉沙。「以糧為綱」的荒謬中，刀匠的作坊都被暫時地關閉了，能工巧匠們只好掄著砍土鏝和大地「過不去」。我在一位刀匠的氈房裡喝著一碗燙嘴的茶，面孔黧黑、眼光善良、語氣溫和的刀匠遞給我這把套在皮套中的小刀：「帶著它，切瓜、切肉；帶著它，防身。」二十二歲的我已有好長時間沒有聽到這種為自己憂心的話語了，強壯的男人如同師長、父兄一樣囑咐著我。看我不明所以地呆楞著，他如此這般地表達他的同情：「你是一個人，他們卻是一大群……」

正如陳曙光所說，雪原民族有著不可思議的童心、善良和純真。

我掂著手裡的小刀，逐字逐句地讀完了這本二百多頁的小書，作者筆下今日塔里木的種種和我親眼所見的塔里木有同也有異。無論是同或是異都強烈而引人，迅速把我帶回大漠高原、帶回歌舞之鄉、帶回沙棗和紅柳叢中、帶回藍天和白雲之間。

陳曙光先生注意到三千年來，在新疆的地面上，真主阿拉取代我佛如來的事實。他年輕，沒有趕上真主阿拉也被小紅書和毛語錄擾得不得安寧的日子。終於，大小清真寺再度矗立起來。我住了九年的巴楚，那曾是絲路上重要一環，但在六十、七十年代荒涼、殘破不堪的巴楚，居然有了雄渾、壯麗的清真寺。親愛的維族鄉親們可以正大光明地在寺內作禮拜，可以正大光明、歡歡喜喜地撥響琴弦，踏著舞步度過古爾邦節。

讀到書中描述成千上萬的穆斯林在大清真寺虔誠大禮的段落，我的眼睛不由得濕了。信仰的力量何其巨大，有信仰的民族何其可敬！

在作者筆下，帕米爾高原是美麗的、誘人的，也是險峻的。他到了中巴邊境的紅其拉甫，甚至踏上巴基斯坦的土地，和巴基斯坦軍人合影留念。帕米爾恢復了她的莊嚴、端凝。當年，塔吉克青年和善解人意的駱駝曾帶我來到此地，只消一步，我就可以跨進自由世界，然而我不能，我沒有片紙證明自己的存在，我必得再經過一個八年，才有重生的可能，但我久久地站在那裡，讓自由的風吹拂著我。帕米爾靜靜地聽著我的呼吸聲。我從那裡帶回一粒如同藍天般晶瑩的石子，揣著它，踏上回程，踏上那沒有半絲自由之風的回程。

天確是湛藍的，雲層確是低低的，罩住皚皚雪峰。美麗的帕米爾將不再承受人們對自由的無盡嚮往，帕米爾恢復了她的寧靜。

唯有沙漠和胡楊林令人傷懷。古老的，立著千年不死，死了千年不倒，倒了千年不朽的胡楊林，連綿數百公里，寬度也在二十公里以上的古老胡楊林帶多年來都是塔克拉瑪干大沙漠和綠洲之間的自然屏障。

然而，在「屯墾戍邊」的荒謬之中，自六十年代中期至七十年代中期的十年中，千年不死的胡楊林被連根伐盡，千年不朽的胡楊林化作了炊煙，綠洲和沙漠終於見了面，不費半分力氣，沙漠吞食了綠洲，留下了大面積的鹽碱地、乾涸的溝渠以及無望的荒原。到了陳曙光筆下，塔克拉瑪干已經是世界第二大流動性沙漠。三十多年前，沙漠不曾流動，巨大的胡楊林仍健在。而今天，卻呈現出種群滅絕式的集體慘象。成千上萬胡楊樹的屍體，或仆倒在沙窩中，或僵立在荒漠裡……好在，老根尚在，但願它們能從祖輩的殘骸中挺出新芽，綠成新的風景。但胡楊遭此大劫和三十多年前的有計畫地大規模地連根伐盡有沒有關聯呢？違反自然法則的政治運作是要遭天譴的！

塔克拉瑪干——進去出不來的死海——人類逝去的家園，想到妳，想到當年為了保衛自然資源而奮起抗爭的青年，終究敵不過強橫的政治力量而被奪去青春，奪去生命；是妳好好地掩蓋了他們，將他們擁入妳的懷中。如今，他們憂戚的目光仍在我的眼前晃動。

沙漠和穆斯林一樣，是聖潔的，是美麗的。在人類的廝殺中，我無數次走進沙漠，聽沙漠的吟唱，享受沙漠給我的寧靜……

也許，再次循著陳曙光提供的資訊，重溫一下音調鏗鏘的維吾爾語，找上一家旅行社，安排一個兩週的壯遊。再去看看我的老朋友，高原、大漠、駱駝、清真寺和能歌善舞的善良男女們。

再次回首塔里木，就從這本《Check in 塔里木》開始。

英吉沙小刀光彩奪目，它已經準備上路了呢！

後記：二〇〇二年十月底，瘂弦先生和女兒自中國大陸返回加拿大之後，來信談到他們父女去了西藏、新疆、陝西、山西、山東、四川和河南，這些窮鄉僻壤。他在新疆的時候，想到我，所以在信中問，「可不知，那時候，妳在哪裡受苦？」

我回瘂弦先生的信，可以題為「又見塔里木」，一首幽遠的悲歌。

書　名：Check in 塔里木
作　者：陳曙光
出版社：幼獅
出版年代：2000

命運的腳步——木凸

門外秋雨淅淅瀝瀝，連綿不斷；門內咖啡壺咕咕嚕嚕、噗噗嗒嗒。我坐在那兒，捧讀江蘇作家陸天明由作家出版社出版的一本三十多萬字的小說《木凸》。這本書碾轉到我手裡走了很不近的路。

小說的背景是從日本人入侵到四十年代末政權交替那一段時光中的上海。

除了氣味之外，陸天明用象聲詞織出了一片天地，上海以至自上海乘船而去遠及曼徹斯特，又時不時拉回蘇北、上海。弄堂房子、石庫門房子、深宅大院的各種聲音落到了紙上，引人入勝。

桶栽月桂嘁嘁嚓嚓、綠呢官轎悉悉索索、棕繩啪嗒啪嗒斷光、嘶嘶作響的藥罐子、嘎啦啦嘎啦啦的留聲機、豌豆落在瓷碗裡的篤的篤、索索地開啟楠木盒子、嘶嘶啦啦喝油豆腐線粉湯、牛皮繩在旗桿頂的大鐵環裡嘎吱嘎吱尖響、轟轟作響的碎浪、舊皮鞋通地一聲掉下地、把青橄欖樸落落彈到了地上、涼氣絲絲地湧進心裡、油刷子在車身上吱呢呢、咣咣咣咣爺爺打孫子、小雨小雪悉悉索、滴滴嗒、馬靴踩在蘆葦上吱吱作響、格登登格登登上樓梯、身後嘩嘩地噴出鮮血。進而「沖熱水瓶，捅煤球爐，加煤球，壓鐵板；嘩……嚓嚓嚓嚓……卜落卜落……咣嘡」。以及吳儂軟語「是哦？」、「真的？」、「那能」、「儂」和「伲」。

一次又一次使讀這本書的人不斷地陷落在陸天明鋪陳開的老上海的氛圍裡不得脫身。陸天明更借用「我」和書中人物黃克瑩的心境說明，有些人只想聽見聲音而不願面對那聲音的實際內容，那樣一種複雜而微妙的心態。

陸天明甚至把俞平伯老先生用「花花花花」來形容樹葉響動的手法也搬了進來，讓竹葉和梧桐葉花花地響個不停。

甚至，書中主人公譚宗三，譚家在三十年代末那個掌權時間很短的當家人的母親竟也是因為有那樣清朗、抑揚頓挫的語聲而被譚老先生看中，生了譚宗三進了譚家門的。

甚至，譚宗三和他的一幫為譚家理財卻不為譚家主政者們所喜的朋友們竟從留聲機、錄音機裡聽到過披頭四，一種來自未來的激動人心的聲音，那聲音卻一再重複「讓它去！」所有令人絕望、悲哀、困惑的東西，統統「讓它去！」

聲音是一個重要的憑藉，托出了全書的氛圍。書名用的也是一個象聲詞「木凸」，那是什麼聲音？

第一次出現在全書的中腰，第二二九頁。女主人公黃克瑩的男人肺上正爛出第四個空洞，女人在家中受盡委屈，只求能向男人哭訴一番，卻被男人拒絕了。女人被小叔侵犯，在心中仰天長號：

哦，男人。做一點事情出來讓大家看看吧。你們站得直。你們挺得起。你們托得住。你們是太陽。太陽……太陽……太陽……木凸……木凸……木凸……

全書結尾，譚宗三已經被新政權軍管會在「公審大會」上一槍擊斃。心神不定的「我」卻在大街上，遠離上海的北京琉璃廠，和一位「似曾相識」的人相撞，那人似乎正是和譚家男人的宿命淵源極深的葉中堂，那人留下的謎團數百年中不斷發酵，生出無數新的謎團、新的悵惘。那「人」消失不見了，卻留下了連綿不絕的「木凸」聲，陸天明足足用了二十七個「木凸」，三個句號，三個省略號，把那聲音留了下來，這才三言兩語交代寫作的「心路歷程」，把這本四七八頁的書丟給了讀者。

書中另一個重要人物是譚家大總管，和譚宗三同年的經易門，他不惜一切地維護著譚家的利益，他堅韌、頑強、面面俱到，為了譚家，他不屈不撓，勇往直前。不惜一切，真正不惜一切，妻子的死，兒子的反目成仇都不能改變他分毫。他與聲音這種浪漫的、動搖人心志的東西無關。

譚宗三血管裡流著祖上洪興泰那一腔不安分的、要闖出一片世界的、與眾不同的血，但他從小在老太太、姨太太們的訓誡下長大，失去了鋒芒和意志，甚至失去了傾訴和聽取傾訴的能力。在這過程中，頑強的經易門自然是殺手之一。然而，不失真誠的他終於想振作起來做一點事了。譚家和經家阻住了他，他離開上海，回到蘇北，盛橋通海。但是阻力仍在，他振作、委頓，再振作、再委頓，千曲百迴中擔任了「偽縣長」，不掌實權的他在外面做了些「文教衛生」方面的事，在家裡做了些多年來他不敢、不屑與不能做的情事。因此而「授人以柄」，因此而被殺。

我總懷疑那一定要殺掉譚宗三的「首長」就是經易門的兒子，命運的腳步並不因政權的交替而有所緩滯。

我也在想，那木凸之聲似有血流之聲的沉重。

洪興泰由粗工而豪富，因為仍有讀書的夢，急切著將工業和教育放在一塊地皮上而走入絕境。之後，他將兒子培養成紳士。兒子卻不再看得起他，將他一生的發跡和「恥辱」裝箱帶走，以策平安。洪興泰割裂手掌，插入箱中，用他的血沾滿那一箱的悲壯，血汩汩流出，木凸、木凸？血流進後人譚宗三血管之中，木凸、木凸？

或者，只不過是命運女神數千年來，沉穩的腳步？

我也在想，那個不怕犯錯誤，固執地要寫出一個真正存在過的中國，一種真正存在過的中國人生的陸天明，他在「泥日」和「蒼天在上」之中，是否也期待命運踏出同樣的足音?!

洪興泰的兒子和父親一刀兩斷，改姓譚。如今，北京飯店有個「譚家菜」。九十年代中期，我在那兒請老朋友吃飯。服務是那種一到鐘點就把椅子倒扣在餐桌上的典型的新北京的冷面孔，完全不見早先為洪先生送「紅燒圈子」那樣精采絕倫的老正興式的服務。

朋友說，菜不太實惠，我吃著覺得還行，有點大戶人家家常菜的細巧。聽說，是譚家某兩位姨太太的拿手菜。可不知是不是陸天明筆下譚家許氏姐妹的貢獻呢？或許此譚家與彼譚家風馬牛不相及也難說。

沒辦過半點壞事的譚宗三都死於非命了，譚家其他人的命運恐怕也好不到哪裡去了吧！木凸、木凸！

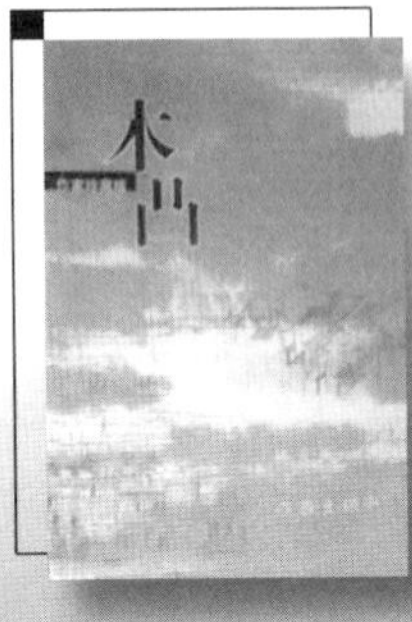

書　名：木凸
作　者：陸天明
出版社：北京作家出版社
出版年代：1998

以實寫虛

美國的啤酒廣告有這樣一個鏡頭，一位英俊的男士舉槍瞄準，畫面上兩隻狼驚恐的臉，一隻狼被套狼的繩索拴住了，動彈不得。槍響，子彈擊斷了繩索，兩隻狼快樂地跳躍著離去。男士愉快地和友人碰杯，杯中啤酒閃著琥珀般的溫潤光澤。

正如賈平凹所說：「漢語文學有著它的民族性，即獨特於西方人的思維和美學。」無論西方的、美國的文化如何風靡，對於中國大陸而言，畢竟有著遙遠的距離。

於是，世紀交替時分，賈平凹以漢語、以商州寫出另一首屬於中國的輓歌。這一回，他寫的是他從來沒有寫過的一種題材，人與狼共存共亡的悲愴。

人與狼周旋的日子長遠，有記載的，想必已有數千年。有狼，自然有獵人，狼不是素食主義者，狼是要吃肉的，拖走數隻雞，拉走一口豬尚不算太大的事。狼多了，圍起了村子，就造成了災害。獵人是要殺狼的。然而人類有了槍之後，獵殺狼就變得和以往大不相同了。狼除了利爪、利牙以及強韌的體力外，並無長進。人卻大不相同了，除了拳腳、利刀、棍棒之外有了槍。這一下，獵狼終於成了一種屠殺，狼變成了相對的弱者，只剩下苟延殘喘的能力，幾乎再也沒有和人比鬥的氣勢了。

商州，這個地方在歷史上是鬧過狼害的，現如今卻只剩了十五隻狼，成了「被保護的動物」。當年威風八面的捕狼隊也解散了。捕狼隊的隊長，著名的獵人傅山帶著他的外甥，一位新聞工作者踏上了為這十五隻狼拍照存檔的旅程。和他們同行的還有一位前捕狼隊的隊員「爛頭」。沒有了狼的世界，於捕狼的獵人而言是極其痛苦的，無獵可打的日子極其難熬，有人竟癱倒了，「爛頭」患了極其嚴重的頭痛症，而傅山，這唯一倖存的尚可持槍的獵人，手腕、腳踝日漸細瘦，眼看就要難以支撐。

狼走到了窮途末路，獵人也走到了末路窮途，小說於焉展開，翔實記錄了最後一次屠殺，將十五隻狼趕盡殺絕的曲折過程。

近二十萬字的書寫過程是一個迷人而弔詭的傳奇世界。

賈平凹以實寫虛，他筆下的人與狼，甚至狼幻化成人以逃過殺戮，以及人在屠殺之後，在沒有了狼的世界裡竟一日日不僅神似，甚至形似，而成了「人狼」……都寫得極為「真實」，刻劃得極為具體而生動。讀者在閱讀過程中卻一步步感覺到深沉的悲哀和絕望。如果說《廢都》只是說明了人的世界的悲涼，《懷念狼》卻是對中國大陸生態環境之徹底絕望。不只是生態環境，人性的淪喪在許多場景中真正是人不如獸。那是不是賈平凹要突現的一種「虛」呢？

賈平凹用了大氣力來寫傅山這個人物，沒有了狼，捕狼隊成員們出現了各種怪症之後，傅山和前獵人們安排了一場足以令大家「發狂」的「狗攆兔」活動，在活動中，人與獵狗的速度不相上下，活動完了，傅山像個土人似的，在周遭「真是獵人！」的讚嘆聲中得意著。昔日的英雄在這場遊戲中仍有著「英雄」的虛架子。在深山裡一家賣活牛肉的菜館裡，人竟以活牛身上的各部分現切現炒現賣，「獵人」不以為忤，新聞記者卻已然難以忍受。被固定在木架子中只能無聲流淚任人活活淩遲的是牛，在門外，靜觀人的殘暴的卻是狼。「獵人」的安之若素使讀者心中猛然開朗，那昔日的「英雄」心中並沒有任何對人以外的生物的悲憫。在生龍鎮上，一小女孩被過路汽車「撞著了，彈起在空中，又落葉似的落在街道的水溝裡」，車停了，「街上全然寂靜了，風也不起，樹也不搖，過往的人呆在那裡如木如石」。「小巷裡驚呼著衝出來」的是兩個獵人，傅山「的身體拉長拉細得像拋出的腰帶，倏忽在空中飄過，還未回過神來，那腰帶落在地上成個黑團，他把孩子抱起來了」。受了傷的孩子成為大人向司機訛錢的一個理由。很快，大家知道了那對狗男女一次又一次將領養來的孩子推向行進中的機動車，遍體鱗傷的孩子竟是他們的財源。「英雄」救助孩子的英勇在這裡變成了極大的諷刺。英雄行為無法改變人的自私、醜惡與殘忍。

變成了「弱勢族群」之後的狼，卻是有情有義的，對於救助牠們的紅岩寺的老道士，牠們還之以金香玉。老道士的金香玉卻又被貪財的村長騙走。老道士辭世前念念不忘的只是狼們病了、受傷了，再無人救治。

獵人們，包括傅山在內，均無此境界。於是狼們，商州山區最後的十五隻狼在政府制定了禁殺和保護條例之後仍然沒有逃過被殺絕的命運。

賈平凹一筆一劃寫出狼的死滅，寫出「英雄」的不復存在。今日之中國大陸普遍存在的無知、缺乏任何的愛心、缺乏任何的寬容與悲憫，只餘下殘忍與冷漠、利字當前無惡不作。這一切突出了一個意念：英雄誕生的土壤已不復存在，換句話說，中國大陸已進入沒有英雄的時代。

賈平凹說他寫這本書是在做一種實驗。二十萬字的長篇不分章節，悠悠然組成了一曲悲歌。那實驗應該說是成功的吧。掩卷之後，我開啟電腦，首頁屏幕上兩隻美麗的狼親暱地摩挲著鼻子，不錯，那正是另一種思維與美學。

註：《懷念狼》在臺灣亦有正體字版，由一方出版社於二〇〇二年出版。

書　名：懷念狼
作　者：賈平凹
出版社：北京作家出版社
出版年代：2000

身後事

所謂身後事正是人活著的時候辦不成，需得作古之後，由旁人代勞之事。這旁人更非等閒，或至親或好友，必得絕對信得過才成。

一九九七年一月，臺北有副刊學研討會舉行。在一場有關中國大陸及港澳中文副刊觀察分析的討論中，香港來的黎活仁教授提及蕭紅骨灰由香港淺水灣遷葬廣州事。坐在聽眾席上的趙淑敏教授馬上提出不同意見，她根據端木夫人鍾耀群女士來信，指出蕭紅骨灰尚遺留在香港聖士提文女校 (St. Stephen’s Girls College) 校園中，同年五月，端木夫人將把端木先生部分骨灰撒至該處……

黎教授和趙教授各持己見，不肯相讓。因為時間有限，討論會主持人梅新先生中止了這場爭論。蕭紅骨灰到底埋葬何方成了不了局。當時，我直覺蕭紅夠倒楣，身後五十餘年還是如此的「說不清楚」。又覺得張愛玲實在聰明，託付友人將其骨灰揚掉，省了許多「外一章」。

那時候，我也接到了端木夫人的信。耀群姨在信中說：「香港友人告訴我，香港法律是不允許在香港撒骨灰的。我回信說，我到香港撒端木骨灰，既不興師動眾，又不大張旗鼓。我帶小部分骨灰，如果當年端木埋葬蕭紅另一半骨灰的聖士提文女校校園進不去，我就和親友在校園圍牆外，邊散步邊撒……你端木叔生前好友、香港作聯主席曾敏之先生說，他們會協助我辦好這件事。」

所以，黎教授談及的蕭紅骨灰應該是埋葬在淺水灣的那一半而已。趙教授所說的正是目前尚留在香港的另一半骨灰。

但何以在烽火連天的一九四二年元月，蕭紅骨灰分葬兩處？美國學者葛浩文先生也曾指出過，關於蕭紅最大的謎就是圍繞她逝世的一些問題。

終於，耀群姨把未完成的《曹雪芹》押後，先寫出了八萬多字的《端木與蕭紅》，由中國文聯出版公司於一九九八年一月印行第一版萬餘冊。（後文中簡稱《端》書）

於是，我們在聽了無數傳言，看了坊間各種版本的考據或演義，在端木先生本人沉默半個世紀之後，終於透過端木夫人的筆讀到了在三十六年婚姻生活中，端木先生講給他的親人聽的一個相當完整的故事。

在此之前，由魏玉傳主編，中國婦女出版社出版的《中國現當代女作家傳》（一九九〇年三月北京第一版）的「蕭紅」條，記述的蕭紅生平和《端》書差距比較小。只有兩點有出入。按《端》書，端木與蕭紅一九三八年在武漢結婚的時間是五月下旬，而不是《女作家傳》所說的八月。至於蕭紅骨灰，《女作家傳》談及一九四二年曾分葬香港淺水灣和聖士提文女校。但一句「於一九五七年八月三日由香港遷回祖國廣州，重新安葬於廣州東郊銀河公墓。」卻沒說清楚是兩處骨灰全部遷葬了呢，還是只遷了淺水灣一處的。

至於當初骨灰分作兩處埋葬的主因，《端》書說得非常明白。

蕭紅臨終前以筆將身後事交代給端木：

我活不長了，我死後要葬在魯迅先生墓旁。現在辦不到，將來要為我辦。現在我死了，你要把我埋在大海邊，我要面向大海，要用白毯子包著我……

端木先生在蕭紅火化後等骨灰的兩天內從日本人手裡辦出了「許葬證」，

……他敲開了一家古玩店，一進去就看中了一對挂釉的陶罐，價錢也沒還地就捧了回來。因為他想到淺水灣不是埋人的地方，戰爭結束後還不知會遭遇到什麼命運。因此，決定將骨灰分裝在兩個罐裡，埋在兩個地方。這樣總可以保存一份，將來帶回內地，葬在魯迅先生墓旁。

最少，蕭紅的遺願完成了一半，她要「面向大海」，無論淺水灣還是珠江之畔都可算好地點。她要葬在魯迅墓之側，則沒了下文，現代人恐怕也沒興趣去查那究竟了。

《端》書中另一條線倒是引起我注意。三十年代、四十年代，延安不遺餘力地「爭取文化人」。端木和蕭紅的熟人丁玲等人都去了延安，為什麼端木和蕭紅反而上海、武漢、重慶、香港，漸行漸遠呢？蕭紅主動一而再地放棄去延安的機會，原因很簡單，蕭軍去了延安。飽受過繼母和父親淩虐的蕭紅不願再忍受蕭軍的粗暴。端木對於蕭紅一往情深，蕭紅不去延安，端木自然也不去了。

平實而可信。世上畢竟有比政治更可貴的東西，比方說自由、愛情、對寫作的熱愛，等等。

《端》書平鋪直敘，沒有渲染和潤飾，直白端、蕭二人由相知、相識、結婚到太平洋戰爭爆發，蕭紅病逝香江，端木為她送終，盡一切可能完成她的遺願，善盡其身後事。

《端》書問世卻並非端木遺願。端木骨灰分作四份，一份撒至香港蕭紅一半骨灰埋葬處，「讓他倆人間天上，生死長相伴」；一份送回故鄉、一份撒在北京西山、一份留在家中，以釋端木先生對故鄉、對曹雪芹、對妻子、女兒和家庭的眷戀之情。

耀群姨在親人和友人協助下順利地將端木叔的身後事逐件辦妥，又在古稀之齡奮筆疾書，為自己親人半世紀前的往事討回公道。

八萬多字的至情至理之言不一定能拂去傳言和演義留下的濁痕，但那八萬多字卻是妻子和母親無私無怨的心聲。

掩卷低迴，我只盼望耀群姨在《曹雪芹》完結篇的創作中贏得她自己的成功和快樂，而不只是因為那是端木叔留下的未竟事業。

和《端木與蕭紅》的問世一樣，那不是一件身後事。

後記：端木先生走了六年多了，現在，在我的書房裡，還有他的畫，也有他的書。不知因為什麼，在他的《說不完的紅樓夢》和一本《小說選》之間立著一本蕭紅的《呼蘭河傳》，是聯合文學的版本。

書　名：端木與蕭紅
作　者：鍾耀群
出版社：北京中國文聯
出版年代：1998

狂飆之源

《狂飆時代》這本四、五百頁的書是一九六七年五月由新潮出版社在香港出版的。書的原作者是一位由南洋而大陸的華僑少女，她二十四歲就離開了那個瘋狂的世界，留下了一堆殘破不堪的日記，由她的丈夫文瀚先生整理了出來，先在報上連載，之後出了書。

這本書三十七年之後已然黃得字跡難辨，而且紙張也變得焦脆易碎，幾乎不能翻動了。友人細心地將其影印，成為厚厚的一疊。於是，這本「書」是一頁又一頁地成為一部活頁書，看得十分吃力。

然而，我卻手不釋卷地專心讀到了底。這是一本極為獨特的書。它出版的時代，一九六七年夏，大陸正陷於完全的瘋狂之中，而這本書卻樸素地記錄了那瘋狂的起源——

三十年代，在大陸西北，在延安，發生在那貧瘠之地的瘋狂；這本書出版發行之時，那瘋狂正一步步地走向成熟，走向制度化。這本書確是非常樸素，十六歲的南洋少女馮鳳鳴寫的是日記，並不準備給人看的，而且戰火中，無孔不入的監視下，嚴謹的文字幾乎成為不可能。她能相當忠實地記錄八年的生活，已經非常可貴，這紀錄的真實性使這本書具有歷史的價值而發人深省。

多才多藝的馮鳳鳴在日本軍國主義的侵略行為面前，懷抱著一腔熱愛中華的熱血奔回祖國，準備以自己的血肉之軀抵抗外侮，卻誤打誤闖，落入中共的陷阱而走向了太行山，走向了延安，歷盡磨難。

她筆下有一些鏡頭令人感慨，粗暴而簡單的廖承志和幾十年後的氣定神閒恰成尖銳的對比；「能征慣戰」的劉伯承當年確是視人命如草芥的殺人魔王；當初被封為「世界革命領袖」，被千萬人三呼「萬歲」，被尊為「英明舵手」的王明確曾是演講高手。每天站臺八小時，滔滔不絕三天下來，連講稿都不須準備；在下面帶頭喊口號的張稼祥、陸定一們卻緊張地從臺上跌了下去。然而，在殘酷而激烈的政治鬥爭中，王明倒了下去，陸定一們卻爬了上來。

文化圈同樣黑暗重重，為了反王明，在「掃清外圍」時，蕭軍被蕭三、丁玲、艾青、周立波諸人大肆攻擊。在「打開缺口」時，說真話的王實味被「炮轟」了七天，不斷為毛澤東、江青的道德敗壞作辯解的成仿吾像瘋狗一樣撲向王實味。陰霾如閻王的劉少奇，謾罵如流氓的陳伯達、周揚，伙同陳雲、艾思奇、康生、蔡暢粗野到無所不用其極地圍剿王實味；第一個將「文攻」上升為武鬥，喊出「打死」這個口號的是劉少奇，率先撲上去的是林伯渠。連張聞天都抓起椅子的斷腿，奮不顧身地加入群毆的戰團，將溫和而不肯低頭的王實味打成血人。至於最後王實味的結局，自然不是馮鳳鳴們能夠知道的了。然而透過那些發黃的紙頁，我們看到了四十年代初，中共內鬥的兇殘。

讀者大約會想到幾十年後，康生已是老牌情報頭子，翻雲覆雨，整死不知多少人。當年兇狠地置王實味於死地的劉少奇、陸定一們在六十年代的文化大革命中，又是怎樣地嘗到了「被踏上千萬隻腳，永世不得翻身」的苦果。

然而，最最令人哀痛的卻是廣大的青年和勞苦大眾，他們被欺騙、被愚弄、被利用、被拋棄、被殺戮。當初，中共勢單力孤，只能在國軍、日軍、地方自衛武裝的間隙，在「三不管」或「四不管」的「邊區」遊走。但是，當自己人因負傷掉隊或是誤入「敵區」，他們的最佳選擇只有死；否則一旦千難萬難地「歸了隊」，卻永遠地烙上了「通敵」的嫌疑，之後的日子只能用「生不如死」來形容了。

馮鳳鳴自己就有切身經驗。一絲絲、一點點，掰開、揉碎細述其慘痛遭遇，讓讀者清晰看到中共內部處處是陰謀、陷害、告密、出賣、損人、害人，甚至殺人以利己的醜惡。

但是，純真如馮鳳鳴，畢竟是個好女孩，在那樣的黑暗與血腥之間，甚至在炮火和暗殺的間隙，她依然看到了祖國山河的壯美、普通百姓的善良，和她一起誤入歧途的女伴的可愛。她甚至也愛過異性，有過純潔的友情和戀情。在日記中，她痛陳延安的糜爛、道德淪喪，她也大聲謳歌了人本身具有的美和堅韌。

讀至此，讀者大概會為政治人物卑下的行為、骯髒的靈魂對青年的毒害而痛心疾首。但令人深思的卻是，如此卑下而骯髒的一切卻在周而復始地反覆上演著，人們卻不願睜開眼睛，面對現實。《狂飆時代》出版迄今，又有多少青年葬身於此，又有多少書本一而再、再而三、而四地痛陳那一切罪惡，然而一代又一代的青年們卻成千成萬地一再沉淪著。

馮鳳鳴病死在大陸，僅僅活了二十四個年頭，拖累得萬里奔波來看望她的母親也在她死後幾天心碎而死，一同葬在北國海邊。臨離開那瘋狂的世界，她懇求親人將她的日記整理成書，因為裡面記載了青年們的痛苦和教訓。

想來，這幾十年，馮鳳鳴真正是死不瞑目了。她得親眼看著，更多的青年倒在血泊中；她得親眼看著，更多的青年泯滅了人性成了工具和殺人機器；她得親眼看著，她滿心熱愛的錦繡河山終至瘡痍滿目、景色全非。

她如何能甘心呢?!

讀者又如何能不憂戚呢?!

書　名：狂飆時代
作　者：馮鳳鳴 遺稿
文翰 整理
出版社：香港新潮出版社
出版年代：1967

104

臺北市復興北路三八六號

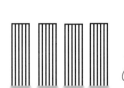

三民書局股份有限公司收

廣告回信

台灣北區郵政管理局登記證

北台字第10380號

（免貼郵資）

姓名：　　　　性別：□男　□女

出生年月日：西元　　年　　月　　日

地址：

電話：（宅）　　　（公）

E-mail：

知識使你更有活力・閱讀使妳更有魅力
三民書局／東大圖書讀者回函卡

感謝您購買本公司出版之書籍，請您填寫此張回函後，以傳真或郵寄回覆，本公司將不定期寄贈各項新書資訊，謝謝！

職業：＿＿＿＿＿＿＿＿ 教育程度：＿＿＿＿＿＿＿＿

購買書名：

購買地點：□書店：＿＿＿＿＿ □網路書店：＿＿＿＿＿

□郵購（劃撥、傳真） □其他：＿＿＿＿＿

您從何處得知本書？□書店 □報章雜誌 □網路

□廣播電視 □親友介紹 □其他

您對本書的評價：

	極佳	佳	普通	差	極差
封面設計	□	□	□	□	□
版面安排	□	□	□	□	□
文章內容	□	□	□	□	□
印刷品質	□	□	□	□	□
價格訂定	□	□	□	□	□

您的閱讀喜好：□法政外交 □商管財經 □哲學宗教

□電腦理工 □文學語文 □社會心理

□休閒娛樂 □傳播藝術 □史地傳記

□其他

有話要說：＿＿＿＿＿＿＿＿＿＿＿＿＿＿＿＿

（若有缺頁、破損、裝訂錯誤，請寄回更換）

復北店：台北市復興北路386號 TEL:(02)2500-6600
重南店：台北市重慶南路一段61號 TEL:(02)2361-7511
網路書店位址：http://www.sanmin.com.tw

一粒小土

中國字「塵」，筆劃雖然多，但卻相當詩意地表現出鹿四蹄翻飛地疾跑，蹄下飛揚起來的土，細小卻可飛騰如煙似霧。

在五十年代後期的大陸，這個字簡化為「尘」，於是除了卑微之外，不再具有任何意義。

最近讀到上海作家陳丹燕的一本書，題目叫做《上海的紅顏遺事》。這本書由作家出版社出版，是簡體字本，聽說臺北也有正體字本出版。

所謂「紅顏」，應該是上官雲珠吧？作者在書裡所寫的，是上官的女兒姚姚，雖然姚姚死前已經非常像上官了。但是「紅顏」，恐怕是上官，姚姚只是一粒小土。

朋友將這本書借給我看，因為她想到我見過上官，可能對這本書有興趣。她沒有料到的是，看過這本未加粉飾的書之後，我對上官竟也沒有以往那般心情了。

五十年代初，應該就是上官和程述堯離婚的那段時間吧？上官去北京開會。一天，北京電影製片廠的魏鶴齡打電話來，約我——他的「小朋友」去北影看《一江春水向東流》。我說，「從東城去北影，轉車好幾趟。太遠了。那部片子也看過好幾次了。」魏伯伯說，「有兩個人，你大概很高興看到他們。」他沒有說他們的名字，但我飛奔著去了。在影院裡，我左邊坐著美麗的上官，右邊坐著帥帥的趙丹。那天，片子裡男主角是陶金，趙丹消消停停看別人的戲，十分輕鬆自在。上官在片子裡和陶金、舒綉文等人都有對手戲。白楊又坐在不遠處，片子裡全部演員那天都在那小小的影院裡，上官有點拘謹，笑微微的，沒有大聲說過話，用了不少時間照顧我這個「小妹妹」。她的臉在一明一暗中特別秀氣，眼睛亮亮的，帶著笑意，側影更加溫柔。她給我巧克力，悄聲囑我捏住包裝紙，免得巧克力弄髒衣裙，她離我很近，那美麗的側影使我印象深刻。影院燈光大亮，在掌聲中，大家走出去，那一天，只有上官穿旗袍，平底鞋，她走得嫋嫋婷婷。

然而，在這本未加半點粉飾的《上海的紅顏遺事》裡，她會隨手給女兒一個耳光，她會怒罵被冤枉了的丈夫，在孩子們眼裡，她的臉拉下來，是很兇的。她「追求進步」，為了能演戲，她在政治的漩渦裡沉浮；但她緊緊「靠攏組織」，並沒有獨立的思想和人格。

在姚姚成為一個內向的，把心裡的苦深深關閉在內心的孩子的過程中，離婚、再離婚的上官自然扮演了重要的角色。但是，關鍵時刻，上官卻成全了姚姚要留在上海這樣一個人生目的。在姚姚無法進入大學本科的時候，上官利用了她作為名演員的特權要求聲樂家周小燕收姚姚作學生，姚姚因此進入上海音樂學院。文革中，上官因為姚克、因為「三名三高」、因為不可說的緣由而被一再地打得鮮血淋漓。但她拖著站不穩的身子回家看姚姚。姚姚並不領情，她忙著和親密男友在一起，並不在乎受難的母親。

這對在性格上「很像」的母女一再地錯過了。

上官跳樓而亡，因為她無法向外調人員說出某件事的真相。姚姚的男友燕凱割斷動脈，慘烈而亡，因為政治上的被冤屈。姚姚的叔父自殺、老師自殺、同學自殺。她自己則處在一種極為不利的情勢之中，她愛上小她一輪的男孩子，未婚生子。她想去國外，在追尋親情的動機下——她的生父、男友的生母均在國外——竟在完全不知地理形勢的情形下企圖偷渡，男友坐牢，她自己則進入七十年代那麼一個「永世不得翻身」的境界。要嘛留在上海，要嘛遠走異國，這就是「要像自己希望著的那樣生活」。作者說，「我想，姚姚就是這樣一個女子，就是她像眾人踐踏的泥路一般低賤時，她都沒有放棄自己對生活的要求，都不肯將就和妥協。」

作者生於一九五八年，文革狂飆起始，她是八歲的小女孩。我們不能期望她瞭解那個詭異的時代，她用功地和許多人談話，她忠實記錄了孫道臨、張樂平、張小小、賀綠汀、賀元元、上官的兒子燈燈這些善良而且勇敢的名人，她也忠實記錄了奶媽、產婦、醫生等等沒有名但同樣善良的普通人在那個瘋狂時代的義舉。

正如作者所說，她寫的是一個不夠堅強，不夠冷靜，不夠聰明，不夠理性的普通人。我們這些走出煉獄，且在煉獄中並沒有被碾成塵埃，也並沒有向強權妥協的人，很想在此補充一點。堅強、冷靜、聰明和理性都重要，但最重要的卻是智慧。

姚姚是上官的女兒，她無從選擇。但落到萬劫不復的地步，卻和她的缺少智慧緊密相關。留在上海，果真如此重要嗎？燈燈卻是毫不猶疑就離開了這個血腥的城市呢！

要做上海人，要到國外去，無非是嚮往一種「高層次」的物質生活以及可能有的「精神生活」而已。這種追求絕對沒有錯，但是這種追求將以慘敗告終，這種追求起碼失去了一個再出發的可能性。這種追求在那個荒謬的時代裡和程述堯那「愚蠢」的錯誤一樣愚不可及。結果是姚姚真的被卡車碾平，她的身體是被鏟起來的。她死，「組織」在告別式上的悼詞是「她是一個沒有為國家做出過貢獻的人」。

被集體火化，沒有留下骨灰的上官在一九七八年「平反」。然而，被碾作塵埃的姚姚，化為輕煙的姚姚，她曾是「較早起來造反的一個學生，她是死於一次偶然的車禍，並不是被誰迫害致死的。」終於定在了成為一粒小土的命運上。

缺乏智慧，敢愛不敢恨，並不是罪過。姚姚這樣一個嚮往好日子的普通人絕對沒有理由活得那麼痛苦，死得那麼慘。

作者陳丹燕沒有過多猜測和揣摩姚姚的心理活動。她只是不斷探問著，力求真實地將姚姚所生活的大時代和小家庭還原，一點點寫出那一粒微塵短而又短的一生。

書　名：上海的紅顏遺事
作　者：陳丹燕
出版社：爾雅
出版年代：2000

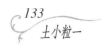

另類真實

一位持美國護照的華僑返回中國大陸探親，在北京被捕，公安將其押往西安，要他付十五萬美金才能釋放。他的家屬奔到美國國務院尋求救援。我聽到消息的時候正巧在書房地毯上撈到一本書翻開來看。那是衛慧的小說《上海寶貝》。這本書在大陸已經被禁，手中這一本是在臺灣出版的。

手中的書展開的似乎是另一個中國，頹廢、放浪、酒和毒品泛濫、情慾泛濫，一派紙醉金迷。作者自道，她寫的都是「發生在上海這個後殖民情調花園裡的混亂而真實的故事」。至於「下崗」之類的百姓生活，在一本長達三六八頁的書中只占半行而已，且在說說笑笑中一風吹了。

書中主角「我」——一個女小說作者，和她的英俊男友天天都不事生產，靠來自國外的錢過日子。他們的「朋友」們似乎也多的是或從死人那裡、或從活人身上能弄得到錢、且過得頗為自在的男女。有錢有閒是他們共同的特色。

「飽暖思淫逸」似乎也可說是這伙人的另一個特色。於是讀者可以看到他們在同性或異性間穿梭，頻換男友或女友，頻頻上演各式床戲；上海的洋人也捲了進來，尋找獵物或被獵獲。整本書散發著一種狼藉的、甜腥的、污濁不堪的氣味。

書中寫得最好的一個人物是天天，他好像是從童話裡走出來的美少年。他有曲折的身世，似乎他的母親在國外謀害了他的父親，嫁給了外國人成了富婆。他失去了父母，但他有了母親寄回的錢，可以過得不錯，也差不多可以把他的女友「我」養起來。他極為純真，又極為善解人意。他和女友之間除了不能人道之外，一切都美妙如在天堂。

但是，這一「缺失」卻成了使他早夭的重要原因。理由無它，書中的「我」——那位寫小說的年輕女人，少了這一點，是過不下去的，寧可一再背叛天天，而耽溺在有婦之夫德國人馬克帶給她的「歡愉」裡。天天避走南方，一方面是他有個寡廉鮮恥的母親，一方面是他有個「貪得無厭」的女友。天天南下的結果是染上了毒癮。

令人扼腕的，並不在此。而是返回上海並戒毒成功的天天，並沒有讓其女友感覺，自己也需要「戒毒」。

如果，那個「我」不是如此貪歡；如果，那個「我」多少顧念一些天天的感受，多少有一點道德觀念，多少體恤一點其他的人，比方說自己的男友和馬克的太太，事情都不會糟到如此地步。可怕的是，這個年輕女人卻是自私的。她明知天天極其敏銳，自己無論做了什麼，天天都能感覺得到，她仍是一意孤行，使得天天痛恨「無能」的自己，不再憐惜自己的生命，抱著速死的決心過量吸毒。

事情就這麼完了，一個畫家、一個敏感而脆弱的生命就這麼走到了盡頭。中國大陸的人似乎一向是凍餓而死，一向是遭受各種迫害而死，在這本書裡，又加進了自虐而死。也算是一種「新」吧！

大家可能以為這位行為十分前衛大膽的女人大概思想也十分前進、開放、充滿了批判精神。完全不是，這位行為大膽的女小說作者完全沒有智慧分析官方的宣傳，眼界並不廣大，思想更淺薄得很，並不能分辨是與非。

她總有過人之處吧？她的文字不差。在書寫中，她隨手可以寫出這種句子：

我一直認為寫作是類似於巫術的充滿意外懸念的行為。女主人翁是一個與我一樣不想尋求平常生活的女孩，她有野心、有兩個男人，內心從未平靜過。她相信一句話：像螞蝗那樣汲取生活的精髓，包括祕密的快樂、不為人知的傷害、即興的激情、永久的嚮往。她像我一樣害怕死了以後下地獄、看不到電影、穿不到舒適的睡衣、聽不到Mono的天籟之音，無聊得令人透不過氣來。

很直白的書寫，寫出另外一種真實，另外一種人類的生活和追求。消極而空洞。

這樣一本書被大陸當局禁了。原因表面上似乎是那些大膽而裸露的性描寫。有心人自然會想到更深層的理由。中共一向以箝制國民的思想為首要工作。經過五十年的鬥爭和改造，衛慧勾勒出的這一代「無拘無束」、「標新立異」的新人類都是一堆醉生夢死的蛆蟲。距離當局的期待又是何其遙遠。而這本泛著腐爛屍體氣味的書冊竟引起逐臭之夫們的青睞，豈不令人惱怒?!

我看衛慧卻多少有一些同情，也許走出上海的「花園」，看一看真實的人生，不只靠「臉蛋漂亮」、「思想前衛」過日子，反而有指望寫出幾頁可讀的東西。

後記：一日，在報端上看到圖片，幾個男人和女人在一個高樓頂部的玻璃窗內啜飲咖啡，雙眼無神地瞄向窗外，圖片標題很聳動，似乎是「迷醉」於上海夜景之類的。讓我想到了衛慧這本書。

書　名：上海寶貝
作　者：衛慧
出版社：生智
出版年代：2000

尋找「中國短篇小說大王」

收到了文學季刊《今天》二〇〇〇年夏季號。唐婕撰文痛悼短篇小說家高曉聲，順便論及中國右派作家的困境。

高曉聲的去世是一年前的事，文化圈內只有幾聲唏噓而已。對於文化大革命之後，從大牆裡邊兒活著出來的右派作家們，大家的心境也是十分複雜的。唐婕的文章十分的明快，一下子吸引了我的注意。

高曉聲是創作時間相當短，但成績相當不錯的一位「農民」作家。他自己是讀舊小說長大的，在一九五七年，他居然領導著一群青年作家，建立了一個叫做「探求者」的文學組織，甚至提出了「干預生活，探求人生」的文學主張。趕上反右，一個「反黨」帽子扣上，開始了從三十歲到五十歲的勞改生涯。

重返文壇之後，他筆下的人物正是他最熟悉的農民。他的寫作頂峰是一九七八年到一九八二年，該是和劉紹棠、王蒙、張賢亮、鄧友梅們一塊兒聲名大噪的。

我在書架上搜索，沒見到如同《王蒙選集》那樣雄赳赳的四卷本，也沒有精選如《叢維熙集》那樣敦敦實實一卷本。然而，唐婕說，八十年代末在美國加州柏克萊大學開過的中國小說研討會上，專家們討論了一整天高曉聲的作品，給了他一頂「中國短篇小說大王」的桂冠。我腦子裡有的自然是〈李順大造屋〉和〈陳奐生上城〉這樣兩個名篇，但是，它們在哪裡呢？

開箱翻我自己的記錄卡，據《小說選刊》一九八八年報導，一九二八年出生於江蘇武進農村的高曉聲，當時是中國作家協會江蘇分會的專業作家，其〈李順大造屋〉和〈陳奐生上城〉分別獲得一九七九年和一九八〇年的全國優秀短篇小說獎。

果不其然，在書架最下層，翻出了人民文學出版社選編的《一九八〇短篇小說選》，高曉聲夾在劉賓雁和於梨華之間，〈陳奐生上城〉赫然在座，再細細檢索，夾在茅盾和陳建功之間，高曉聲還有另一篇〈錢包〉入選。

對自己的閱讀卡相當滿意，順便抽出高曉聲名下另外三張卡片，裡面記錄著我的三次閱讀經驗。一九八四年五月號《花城》刊出中篇小說〈跌跤姻緣〉，寫的卻是城裡人的悲歡離合，小說的幽默、辛辣，對大陸這個營壘分明的階級社會的痛斥曾使我大為振奮。一個月之後，一九八四年六月號《鍾山》刊出高曉聲又一個中篇小說〈極其麻煩的故事〉，寫改革開放中，某鄉創辦農民旅遊公司的啼笑皆非，當年高曉聲文筆之細膩曾令我印象深刻，於是記錄在案。之後，一九八七年十一月《北京文學》刊出，一九八八年二月，《小說選刊》又轉載了他另一短篇小說〈走神〉，寫的是「老幹部」在生理上已經有了一種有質感的衰退，這才心不甘情不願地從位子上退下來。老了，什麼都記不住了的現狀，一再被高曉聲以神來之筆描摹出來，也令人讚嘆。

所以，高曉聲不只是「農民作家」，不只是以短篇取勝，也不是一過一九八二就「拉不開栓」了。我們似乎只能說，李順大和陳奐生是高曉聲創造出來的兩個大陸農民形象，如同老舍的祥子、魯迅的阿Q，令人浮想連翩，日後，評者論及會不斷提到而已。

將卡片歸檔，索性再翻檢一下，吉林教育出版社一九八八年六月出了一本《新時期中短篇小說資料選輯》，裡面有作家們的現身說法。高曉聲名下是〈且說陳奐生〉，不是全文，摘要而已。要緊的是，高曉聲坦言他自己和陳奐生們共同生活幾十年，休戚相關，患難與共。所以，他完全不是作為一個作家去體驗生活，而是作家早已是生活著的農民了。

繼續翻檢，把一本連書脊也發黃了的書找了出來，一九八三年十月人民文學出版社出了一本《新時期作家談創作》，這一下好了，高曉聲兩篇談話都收了進去，〈李順大造屋始末〉和〈且說陳奐生〉都是全文照刊。

拋開「社會主義現實主義」的陳腔濫調，高曉聲要寫的，只不過是大陸農民「造屋是創家立業，又是傾家蕩產」的慘痛現實。

一篇作者談創作的「經驗談」，高曉聲吼叫著控訴的卻是苦透了的農民，一而再地被「共產」的事實。他歸罪於「錯誤路線」，明眼人卻看得透徹，一黨專政之下，那無數農民的苦難是無從避免的。

高曉聲發出的最沉痛的呼聲就是，中國大陸的九億農民從來就沒有成為國家的主人，當然也沒有成為自己的主人。於是，李順大身上不能不出現一種逆來順受的奴性。

陳奐生亦然，高曉聲為陳奐生寫了一系列短篇小說，寫透了老實木訥的農民在屈辱中尋求精神勝利的苦況。

高曉聲的文字明朗，但常常語帶雙關，懂得大陸社會實況的讀者讀起來心領神會，自有一番滋味在心頭。

對我這種讀者而言，任何評家的意見都無法取代原作，作家經驗談亦如是，更何況中國大陸的右派作家們正如唐婕所說，他們的不幸是由於母親把他生在一塊專制的土地上，如同魚出生在陸地上，一粒稻種被誤撒在水泥地上。我們除了同情他們之外，不知是否還能作些別的？

洪範書店一九八九年九月由鄭樹森教授編了五冊《現代中國小說選》。在第三卷第九三七頁，高曉聲名下只有一九二八——，我在破折號後面加了一九九九。

手捧一九九七年五印的這卷新書，找到了高曉聲這位短篇小說大王的代表作。

鄭樹森教授選了他的〈李順大造屋〉。

書　名：《今天》季刊
2000 夏季號
出版社：今天文學雜誌社
出版年代：2000

老張的哲學及其他

為紀念老舍先生誕辰一百週年，華府書友會邀了小說家鄭義談老舍先生和他所處的時代。座談中，文友袁郁文發問，問及老舍先生第一部長篇《老張的哲學》的創作動力。她提及老舍先生曾說過：

窮，使我好罵世；剛強，使我容易以個人的感情與主張去判斷別人；義氣，使我對別人有點同情心。

但她認為只有這三個要素恐怕不足以寫出《老張的哲學》。鄭義笑說：「這一下，被考倒了。」一語中滿含著老舍式的幽默。但他畢竟是小說家，提出「生活本身使小說家去寫」

的理念。生活本身所包含的豐富內容、情感，生活所給予小說家的思考都應該是創作的原動力。

活動之後，我回到書堆中，再次重溫《老張的哲學》，也查檢到老舍先生一九三五年的自述文章〈我怎樣寫《老張的哲學》〉，以及朱自清先生一九二九年二月所寫的評文《老張的哲學》與《趙子曰》。

很有趣的，朱自清先生對老舍先生這部處女作並沒有太高的評價，他由「諷刺的情調」和「輕鬆的文筆」入手，甚至將小說看作紀實，感覺對「老張」的個性描寫未必「逼真而動人」，覺得老舍先生在描寫「老張」的「錢本位」的時候，未免誇大了些。朱自清在他的批評文章中，更認為《老張的哲學》沒有一個「一貫的態度」，「有一個嚴肅的悲慘的收場，但上文卻都有不少的遊戲的調子」。他還認為「『發笑』與『悲憤』這兩種情調，足以相消，而不足以相成。」至於結構方面，朱先生則認為這部作品中作者「現身解釋」的地方太多，並指為，那是「『辭氣浮露』的一因」。

最妙的是，朱先生認為老舍先生的大成功處在於寫景，並說：「寫景是老舍先生的拿手戲」，並舉出一長段作為文章的結尾，讚嘆說，「這是不多不少的一首詩」。

那是七十年前的老話了。我們生活在今天的人有幸看到老舍先生後來的作品，我們有機會讀《駱駝祥子》和《四世同堂》，我們更加幸運地看到了舞臺劇《茶館》。

我們都明白，老舍先生最拿手的是寫人，從對白當中，我們聽出了整個的時代。我們更明白的是，老舍先生的文字並沒有諷刺在內，他只有幽默，兩者的巨大差異正在於同情。人們讀或看或聽那些對白，人們會笑，會哭，會大聲叫好，會拍案而起，但不會訕笑，不會暗笑，不會在肚中琢磨，那人怎麼「傻」到這般田地而為自己的「聰明」得意。因為你絕對的來不及，緊跟著，老舍先生就會告訴你那些自以為聰明的傢伙有著怎樣的缺失，怎樣的不可救藥的殘忍。正如「老張」。

自然，嫉惡如仇、同情心和判斷力都不足以支撐《老張的哲學》這部作品。老舍先生夫子自道：

二十七歲出國。為學英文，所以念小說，可是還沒想起來寫作。到異鄉的新鮮勁兒漸漸消失，半年後開始感覺寂寞，也就常常想家。從十四歲就不住在家裡，此處所謂「想家」實在是想在國內所知道的一切。那些事既都是過去的，想起來便像一些圖畫，大概那色彩不甚濃厚的根本就想不起來了。這些圖畫常在心中來往，每每在讀小說的時候使我忘了讀的是什麼，而呆呆地憶及自己的過去。小說中是些圖畫，記憶中也是些圖畫，為什麼不可以把自己的圖畫用文字畫下來呢？我想拿筆了。（該文原載一九三五年九月十六日《宇宙風》創刊號）

鄉愁是寫小說的近因。而文字的掌握，那使記憶中的圖畫生動起來，活動起來，發出聲音的，才是根本。老舍先生讀中國小說，讀西洋小說，使得他從小耳熟能詳的北平話得到焠煉，去掉了俗氣，而成了極為精準的具有個人特色的道地北方語文。

五十年代，西洋文學在赤化了的北方成了稀罕物兒，代之而占領閱讀空間的是俄羅斯文學，老舍先生喜愛普希金。我上小學六年級，在營火晚會上站在臺上念普希金的童話詩〈漁夫和金魚的故事〉，老舍先生杵著棍兒站在臺下聽，許多人的臉早已模糊成一團，他在火光輝映下，那張神采奕奕的臉卻一直印象深刻。我鞠躬下臺的時候，看他把手杖掛在臂彎上，用力鼓掌。那掌聲也在我心裡響了很多年。

上初中了，我在舒家小院兒裡念書給老舍先生聽，《葉甫根尼・奧涅金》是我們常常溫習的。塔姬雅娜信步走進奧涅金的書齋，信手翻閱著主人留下的書籍，字裡行間，留下了主人閱讀的時候指甲劃出的痕跡。塔姬雅娜顫抖的手指跟著那些痕跡遊走在書頁之間，目光則跟著書中文字走，不由得悸動起來。那一段，引得老舍先生大聲叫好，他的由衷讚美震得剛剛灑了水的月季花抖擻下一串串的水珠來。很難忘懷那樣美好的閱讀經驗。

事過多年，重讀老舍先生的文字，也常常忍不住叫好，忍不住站起來在地上走個幾回；忍不住淚濕了眼睛，為那美好的短暫，為黑暗的時間那樣漫長，為那張曾如此容光煥發的臉長時間沒有半絲舒心的笑，更為那如此傳神的文字曾被改得七零八落。

《老張的哲學》寫得早，二十年代就刊出來了。一九二八年就有了單行本。看這部作品，我只能覺著一位大作家正在他鄉異地寫他的故國，作家的情感被他巨大的同情心托著，藉著他最熟悉的北方話，描繪出那樣一個親切的、充滿矛盾和痛苦的人間。老張的惡在後來的《茶館》裡，在龐太監身上發揚光大了。趙四的善，則成了後來的祥子靈魂深處的主導。

二十年代，洋車夫的形象已經極其生動地被描摹出來了。可惜朱自清先生只注意到那對助紂為虐的老「好」人趙姑父、趙姑母，既沒明白老舍先生在幽默的筆調下寄託的深情，也沒看見那絲絲入扣的文字在這部處女作裡怎樣地為後來的創作鋪開了路子。

不過呢，朱自清先生畢竟是善良人，和棒殺了老舍先生的那幫東西沒法兒比，現如今，兩位百歲老人不知談得多麼高興呢？朱先生終於瞧見了老舍先生文字的好，也說不一定。

書　名：老舍文集
作　者：老舍
出版社：北京人民文學
出版年代：1980

有口難言

文壇的事牽牽絆絆，為了一個中國人得了文學大獎，許多人說了話。北京現代文學館館長舒乙也在其中，於是人們就又提起舒乙的父親老舍，自然也是有褒有貶。我在想，換了老舍本人做那文學館負責人，他的話大概是這樣的：「咱們館的架子上大概沒有高先生的書吧？想法子補齊了它！」

何以見得呢？因為老舍先生一輩子處在有口難言的境地。二十世紀末，中國的局面鬆動了，世界的風向更非三、四十年前可比。老舍先生若活到今天，開口說話就較比著容易了；他又厚道，決不出口傷人，所以，上述猜測有八成可信度。

手邊有一本書，《老舍和朋友們》，是舒濟在一九八六年編成的，為紀念老舍辭世二十年；卻是等了五年之後，一九九一年十月才由北京三聯書店出版。一版印了五千本，我手上的，是那五千本之一。這本書厚達六六八頁，前面二十三篇是老舍寫朋友，後面八十五篇是朋友們寫老舍。

其中有一篇是日本作家井上靖先生寫的，題目叫做〈壺〉，記述了老舍一九六五年訪日本的情形。當時老舍是中國作家代表團的團長，某日活動的主人是日本文壇前輩廣津先生。午宴之後，有口難言的老舍先生講了一個故事：一位收藏家家道中落之後，靠變賣收藏度日，淪為乞丐之後，手中只握一把壺，死也不肯割捨。一富人百般威逼利誘，甚至把乞丐「養起來」，盼其死後可得此壺。乞丐病死，富人心想終於可將此壺占為己有。然而乞丐死前將壺摔碎。老舍的故事聽在井上靖先生耳中只是一個助興的故事。廣津先生發難：哪怕戰爭中城毀人亡，古物是要交出去的，哪怕交於敵手。三十餘年之後，我們看這段故事，自然明白，老舍先生講的是氣節，廣津先生講的是文物保護。老舍此行的官方目的是「中日友好」，他怎能直指日本人打家劫舍之後毫無悔意，他只能曲曲折折地道出中國人壺碎人亡的氣節而已。自然，井上靖和廣津先生並沒有聽懂。於是「老舍先生突然間現出了不知如何是好的表情。」這種講一句譯一句的官式場合，話又不投機，無論老舍再幽默風趣，也實在是敷衍不下去了。

井上靖畢竟是敏銳的文學家，事後他再三再四追憶那一段往事以及他自己走訪中國的情景，提及看到老舍：

那矮矮的身材，不太明顯的抑鬱表情；文縐縐的講話方式，都蘊藏著一種老成持重的風度。只要離遠一點望過去，老舍給人的感覺是有點神經質，有點古怪。看上去，他真的是不想在宴會之類的場所露面；他是無可奈何才出席的。

井上靖筆下的老舍卻有另外一面，他是一位喜歡硬幹的漢子，是《駱駝祥子》的作者，是《四世同堂》的作者。他的血管裡流著激憤的熱血，他卻無可奈何，他卻有口難言！井上靖先生在老舍死後四年才從香港的報導中得知老舍「跳樓自殺」的消息。他終於悟出了「壺碎人亡」的氣節。不能算晚，因為連那消息也不完全正確，因為三十四年之後，老舍先生的死，依然迷霧重重。所以我們仍然可以說，作為老舍的朋友，井上靖先生是用心去理解這位相當複雜的中國同行的。

厚道的梁實秋先生在〈老舍和我說相聲〉一文中除了繪聲繪影寫出抗戰時期他們在

北碚說相聲的那一段以外，他有下面幾句話：

老舍的才華是多方面的，長短篇的小說、散文、戲劇、白話詩，無一不能，無一不精。而且他有他的個性，絕不俯仰隨人。我現在撿出一封老舍給我的信，是他離開北碚之後寫的，那時候他的夫人已自北平趕來四川，但是他的生活更陷於苦悶。

此言非虛，老舍先生有口難言的歲月遠遠早於一九四九年。

同樣厚道的喬治高先生寫了〈老舍在美國〉，特別提出一九四九年秋老舍離開美國返國前雖不聲不響卻悶悶不樂，內心極為矛盾，情緒不寧的狀態。他曾向喬治高先生表示他回國之後將「不談政治」、「不開會」、「不演講」。

當然，那是不可能的，老舍沒有說話的自由，卻也沒有不說話的自由。所以他會寫《女店員》這種戲、〈大地的女兒〉這種文章。

但是，正如舒濟在〈編後記〉中所說：

出自眾家之手的寫真人真事的文章今天彙集到一本書裡，我看它的史料要比一本專門寫老舍的書還豐富、翔實。在我的心目裡，它像是一本難得的「傳記」。我非常珍愛它。

我也珍愛這本書，因為它幾乎是「面面俱到」地寫出了老舍先生。尤其喜歡的，是老舍先生三十年代寫朋友的幾篇文章，文章裡寫了他的友人也寫了他自己。在〈何容何許人也〉一文中，老舍將友人分成兩類，其中一類：

差不多都是悲劇裡的角色。他們有機會讀書；同情於，或參加過，革命；知道，或想要知道，天下大事；會思想或自己以為會思想。這群朋友幾乎沒有一位快活的。他們的生年月日就不對：都生在前清末年，現在都在三十五至四十歲之間。禮義廉恥與孝悌忠信，在他們心中還有很大的分量。同時，他們對於新的事情與道理都明白個幾成。以前的做人之道棄之可惜，對以後的文化建設不願落在人後。可是別人革命可以發財，而他們革命只落個「憶昔當年……」。他們對於一切負著責任：前五百年後五百年，全屬他們管。可是一切都不管他們。他們是舊時代的棄兒、新時代的伴郎。誰都向他們討稅。他們始終就沒有二畝地。這些人們帶著滿肚子的委屈，而且還得到處揚著頭微笑，好像天下與自己都很太平似的。

那篇文章寫於一九三五年底。老舍先生一九四九年之後，過的已是那種日子。六十五年之後我們再看這些泣血的文字，我們看到了有口難言的老舍先生、悶悶不樂的老舍先生、無可奈何的老舍先生。

書　名：老舍和朋友們
作　者：合集
出版社：北京三聯書店
出版年代：1991

一意孤行

書桌上這本雜誌在這個每天必須要接觸的所在跨過了世紀之交的時分。這本雜誌毫不臉紅地占據著這樣一個位置，完全沒有讓出地盤的意思。在這個寒冷的冬天以及乍暖還寒的早春天氣裡，我抱著這本雜誌，遊走在人群中間，雜誌從一雙手傳到另一雙手，有人翻看了一兩頁傳給了另外一位，有人幾乎只在目錄上掃了一眼就丟開手了。雜誌回到我手裡，我細心地把它放回我的書桌上，絕不讓咖啡或茶在字裡行間留下任何痕跡。

這是一本中文雜誌，在寒冷的波士頓誕生，在北京複製成二千本，然後被沒收，雜誌主編黃貝嶺因為「非法出版文學人文刊物罪」而被捕、坐牢半月、釋放並遣送出境。我在剛入冬的時候，從氣喘吁吁的貝嶺手裡接過這本雜誌，他一邊把不知什麼藥包泡成藥汁苦著臉吞下去，一邊說：「這是那兩千本裡面的一本。」彌足珍貴。這就是著名的

《傾向》總第十三期，舉世矚目，但在華人社會很難引起反響的一本雜誌。

每天，我懷著深深的憂傷注視著它，不是封面的「威尼斯——收租院」和封底的「長城」提示給我的有關愚昧的回憶讓我心碎；而是，這本雜誌以其嚴肅的程度本應成為讀書人的案頭書，但是，我沒有聽到太多的回應，似乎只是高行健和《靈山》英譯者陳順妍教授表示了精神與物質的雙重支持。掌聲稀落的程度令人神傷。

我幾乎每天會打開這本三十多萬字、四四〇頁的雜誌，看一、兩篇文章，想一想，時間在嚴肅的閱讀和「討論」中悄悄逝去。

正如封面所說，這是一本文學專輯，一半內容是謝默斯・希尼的種種。包括這位愛爾蘭詩人一九九五年獲頒諾貝爾文學獎時的受獎演說，他的詩歌、文論、書評，別人對希尼的認識和評述，以及貝嶺自己和希尼的對話。

在十多萬字的述說中，華文讀者應當是相當清晰地「看到了」希尼，感覺到詩人的激情，讀出他的深邃和廣博。希尼在他的「歸之於詩」的受獎演說中夫子自道：多年來我俯身於書桌之上，就像某個修道士俯身於禱告臺之上，某個負責任的沉思者，平衡著他的理解，試圖承擔屬於他的那一部分世界重量，知道自己不堪英雄品德或贖罪效果，而因服從於他的規則而被迫重複那努力和姿態。「為一點點熱量而大吹著火星。」一點不錯，那正是一意孤行的詩人的一個剪影，為一點點熱量而大吹著火星。拚盡全力追求好的作品。他的背後是悲慘的愛爾蘭，但他的作品卻為兇惡也為美好預留了空間。那無疑是一種壯麗。但是，正如詩人和貝嶺對談中所表現的：個人精神在代表人群發言的時候，必然會發現已陷入泥淖；透過一首詩的漏罅，道德困境和道德壓力只得到了片刻的紓緩而並沒有得到「解決」。

> 沒有任何詩可以解決生命問題。但是，羅伯特‧弗洛斯特曾對一首詩作出奇妙的界定：他稱之為「有那麼一刻止住了混亂」，「止住」意味著某種障礙物，它只是片刻的，但絕不遜於留下一個位置，為那一刻提供某種秩序。整個藝術（事業）就是某種留住的行動，是精神的小小勝利。

希尼如是說。

我長長地吁出一口氣，希尼的二四〇頁無疑是「小小的勝利」。馮烽的可以歸結為「科學」的小說是健康的小小勝利，海男的社會學與心理學投影而成的小說是一種切實存在的勝利，而呼嘯而至的詩歌則幾乎像號角一般在呼喚勝利了。

文學理論卻出乎意外地貼近了生活，將梁錫華們的世界、黃翔的世界稍稍地讀上幾行，我們馬上可以瞭解，已然由半真半假的半虛擬中再次踏上堅實的土地。藝術家馬德升們則將我們所生活的世界的多元向我們作了深度的揭示。

雜誌的最後一部分頗耐人尋味，也是小小一個專題，六十年代至九十年代的中國地下文學。十三期刊載的已是這一專題的第三部分，包括錢玉林的回憶錄、陳建華的詩與散文、劉曉波與劉霞的詩、廖亦武的詩。這些作品的分量只有不到五〇頁，但其內容的沉重和昂揚絕不是北京當局所樂見的。自然，我也是初次知道詩人、小說家、電影藝術家劉霞是在六四後失語的。剛剛讀畢廖亦武的〈古拉格情歌〉，就見到了讀者來函，上面有照片，站在老大身邊的青年只有一個單名「丹」。最後，四三八和四三九頁上是一張一覽表，「中國大陸地下文學藝術刊物出版物一覽表」，既是「地下」，自然不易蒐集，編者卻說他們將繼續蒐集和刊登。這些刊物所占的地面包括北京、上海、天津、廣州、重慶、成都、昆明、貴州之類的大碼頭，也有四川大涼山之類的荒僻地區。這三十多種自由之聲自然非北京當局所喜聞樂見，想必也是《傾向》十三期遭「禁」的理由之一。

為了這本雜誌，貝嶺、孟浪他們節衣縮食，為了這本雜誌，貝嶺在北京的二老雙親和弟弟已經萬般無奈地中斷了和詩人之間的全部聯繫，因為他們已經成為人質，貝嶺的一舉一動，《傾向》的一舉一動都將使他們遭受新的災難。

但是，這是一本嚴肅的刊物，它「為那些渴望傾聽嚴肅聲音的人們而存在」。一些不知疲倦的人，一些一意孤行的人在支持著這個刊物，他們裡面有很多大家熟悉的身影，比如謝默斯・希尼，比如貝嶺，比如高行健。

書　名：《傾向》第十三期
出版社：傾向雜誌社
出版年代：2000

〈一方陽光〉的啟示

早春二月的雅典，一個天青氣爽的週末清晨，也就是六點鐘吧，我們被尖銳的電話鈴驚醒。半小時以後，打電話的人已經站在我家客廳裡。

極普通的美國故事：一位有兩個博士學位的科學工作者，冷戰結束後，成功地轉行，進入國際合作的事業項目，一年多前來到雅典進行新機場修建的技術工作。拜婦運發展之賜，在國內工作穩定的妻子並沒有同來，跟他在雅典生活的是現在十六歲半的兒子。

來到他鄉異地，作父親的忙工作之餘也關心兒子，也鼓勵兒子交新朋友，熟悉希臘的風土人情。

週五晚飯後，兒子要求父親允許他去朋友家過夜，朋友得到新的電腦遊戲要與他分享。父親欣然應允，親自開車將兒子送了去，和那希臘朋友也見了面。那孩子的父母彬彬有禮，口口聲聲要他放心。

看起來一切都好。週六清早五點鐘兒子從警局打電話回家，他和兩個希臘少年在一家電影院後面吸毒被警方逮捕。

作父親的這才明白，「一切都好」只是表面，實際的情形到底有多嚴重，他無從想像。他只好向美國大使館求援，使館值班人員指示他和我們聯絡。

外子一通通電話打出去，把相關的人員一位位從週六清晨的好夢中喚醒。

我請客人在沙發上坐下，端上一杯熱咖啡。我沒有法子安慰他，只好靜靜坐著。我們面前的茶几上幾本攤開的書，愁眉深鎖，神情恍惚的客人很自然地動手翻動書本。一本介紹拜占庭繪畫、一本討論古希臘金器、兩本美國小說、一本一九九七年秋季的 "*The Chinese PEN*"。

客人把別的大書放在一邊，打開了薄薄的 *PEN*，也許是封面上吳李玉哥樸拙、親切的繪畫吸引了他，也許，只是 *The Chinese PEN* 是他從未見過的，有了些許好奇。

面前這個人從幼稚園念到研究所，大好青春與高科技結伴，如今到了知天命的年齡，面對著許多美國中產階級家庭都不得不面對的情形，他苦惱、震驚、困惑、自責又不明白自己到底做錯了什麼。

在他最無力、最脆弱的時候，跳進他視線的是王鼎鈞先生〈一方陽光〉的英譯，譯者是康士林 (Dr. Koss)。他正襟危坐，捧讀手中薄薄一冊。這個人對中國的認識不多，中國人的名字他知道的大概只有魏京生、李登輝和江澤民。他從來沒有見過一個灰磚漫地的四合院，沒見過一位中國母親的針線籃，更沒見過白銅頂針。

他卻看見了北房開著的門，看見了穿過門照射在磚地上的一方陽光，陽光中，母親坐在小凳上，貓兒跳在她腿上，兒子在母親膝前聽她講故事。母親手裡穿針引線做著活計。

母親纏足，早年住在陰暗的南房，受了風寒，腳痛。那痛楚由母親的腳到了兒子的心，如今又到了這位美國讀者的眼睛裡，盈成了淚光迷濛。

他雙眼含淚，臉上的表情卻比來時平和得多。外子告訴他，相關人員都已經開始行動，使館也已經派人奔到警局去瞭解情況，一有消息必定馬上和他聯絡，希望他不要太擔心。

他點點頭，很靦腆地相詢：「有沒有王鼎鈞先生其他的文章？」

我馬上把 *The Chinese PEN* 一百期先拿給他，他站著不動，我又找出幾本，這才仔細地拿在手上，靜靜地走了。

我鬆了一口氣。最少，在這個哀傷的日子，他不會沉迷在酒精裡，他也不會耽溺在某個萍水相逢的女人或男人的臂彎裡。我不敢說，從今以後，這位科學人會熱愛中國文學，但我敢說，他對 *The Chinese PEN*、對康士林充滿了感激之情。我也敢說，今生今世，他會永遠記得王鼎鈞的名字。

看似偶然的一個故事，裡面卻包含著層次繁多的必然。

對於大多數的各國讀者而言，由翻譯而來的文學作品，引人之處除了創作者獨特的內質，觀察世界與人生的特別秉賦之外，作品裡人類共同珍愛的情感、價值觀、道德勇氣等等依然魅力無窮。由中文世界而進入其他語系且多年以來使人類受益無窮的赫然是中國的古典文學。當代文學中，李銳、莫言、王朔、北島固然各領風騷，但溫柔敦厚的王鼎鈞、林文月、琦君、朱西甯諸君的影響力更是無遠弗屆。文壇上的老生常談：叛離傳統的西化是沒有法子走向世界的，在當代中國文學的譯介中一而再、再而三地得到了印證。

*The Chinese PEN*的編者堅守原則，則文學殿堂裡最美麗的花朵譯成英文介紹給更為廣大的閱讀世界。〈一方陽光〉一九七八年收入爾雅版的《碎琉璃》，一九九七年秋出現在*PEN*的首頁，足見編者慧眼識英雄，且不為世俗的急功近利潮流所動的毅力和智慧。

人常說，詩意就是在翻譯過程中最容易失掉的那個東西。〈一方陽光〉的譯者康士林在他的譯文中保存了這個容易失去的寶物，甚至，他使英文讀者感覺到原作的意境，掉進了原作的氛圍。他的譯文吸引了一顆正在裂成碎片的心，一雙讀過無數英文、德文、拉丁文，對語言的感受無比敏銳的眼睛。康士林的出色譯文使整個故事成為可能。

如今的世界，文學與政治與文化生產之間有著重重疊疊的互動關係。在文化生產的川流中，個人的創作是上游，出版是中游，下游則是行銷。行銷的技巧與成績直接決定出版的生存，以及創作者在可見的將來所能得到的支持。講究行銷已經是世界出版家們必須研習的常課。中書譯介則是中游與下游連續一致的大工程。眾所周知，國內獨力翻譯出版的書籍，進入國際主流銷售網極為困難。今後的走向必然是國內、國際出版公司的通力合作。在這個合作的過程中，出色的翻譯成為必須。如同我們早先看傅雷譯羅曼．羅蘭；今天看林文月譯紫式部、余光中譯王爾德、呂淑蓉譯大仲馬一樣，我們需要一等一的譯文，外國讀者亦然，外國出版家尤其是。

很可惜，翻譯不是人人能做的事，文學翻譯是人腦的艱辛工作。有朝一日，電腦可以成為「輔助寫作」的工具，「幫助」作者完成結構設計，分析市場走向，計算銷路，直接告訴作者和出版者前景看好或是血本無歸，然而電腦無法完成文學翻譯，人不能通過按鍵和作選擇題來得到上乘的譯文。翻譯人才在將來依然非常之寶貴。

中書譯介的寶貴人才必須是本身的母語及寫作語言是外語，同時又對中國文學有深入瞭解，中文基礎深厚的外國學者（自然也包括華裔學者）。

嚴酷的現實是，擁有中國文學學位的外國青年學子，或是擔任教職或是迫於就業市場的限制而開闢第二戰場，只把中文當成了個人愛好，把翻譯當成是業餘玩票。如果要將這些稀有人才納入專業或半專業的翻譯隊伍，需要一定的財力或媒介。

The Chinese PEN 一百期走過的艱辛路，國內文壇、學界都記憶猶新。其他如《光華》雜誌中外文對照，故宮專書有多種外文版都在文化傳播方面立下汗馬功勞。

事實上，如果極具報導臺灣文壇特色的《文訊》月刊能成為一個中英文對照的雜誌，對於吸引外國出版機構、學術機構、教育機構以及海外翻譯人才的視線，必定產生深遠的影響。因為《文訊》公開了文化生產上、中、下游的全部工程，加上不可或缺的文學批評，如同運河使資源得到更加有效的利用。

在我們的小故事裡，自然還有最簡單的一個小步驟不容忽視，在雅典這樣一個與中文世界基本絕緣的地方，客廳茶几上擺放的一本 *The Chinese PEN*，書架上伸手可及的 *PEN* 的合訂本成為供求之間最小，但也絕對不可或缺的橋，少了這座橋，譯本和讀者之間的鴻溝將沒有機會跨越。

這座橋由派駐海外與自行居住海外的人們組成。散居世界各地與中國文化有淵源的人們中，有閱讀習慣的人越多，這座橋就越加四通八達。派駐國外的人員中讀書人越多，這座橋上的車水馬龍就越加有可能。

在關於中書譯介的探討中，我由〈一方陽光〉獲得的啟示，使我向來樂觀的態度得到了支持。中書外譯的先決條件是，大家不能存半點急功近利的心，對於成功與失敗，都得以平常心來接受。當我們把中書譯介當作百年大業來經營時，那一方陽光就會帶給我們暖意，帶給我們新的希望。

後記：PEN一路走來，走得萬分辛苦。但是近年來，居然將中文的文本附在了英文譯本的後面，敬業、負責。在中書外譯，將生長於臺灣和海外的華文文學介紹給世界的征途上，出力最多、貢獻最大。

書　名：The Chinese PEN 1997 秋季號
出版社：中華民國筆會
出版年代：1997

往靈山朝聖的人

一九八三年，外子和我被派駐北京的美國大使館，下車伊始，《十月》文學雙月刊就引起我的注意，當年十月份刊出了高行健的「無場次生活喜劇」《車站》，我注意到了劇本的超越傳統，注意到了那是一個極為有趣的戲劇試驗，一九八三年的中國啊，人們還沒有完全從文革的惡夢中醒來，高行健已經遠遠地走在前面，將現代舞臺劇當作交響樂來處理，努力把現代戲劇和現代詩歌相結合，追求藝術的抽象。

高行健的努力很快招致了批判和封殺，甚至被上升為「一種社會思潮的反映」。什麼樣的社會思潮呢？自然是反社會主義的，是頹廢的、失落的、不健康的，或可直白說是不革命的。

就在這種情勢下，在「反對資產階級自由化」的濁浪中，我們看到了高行健。那時候，他在北京人民藝術劇院作編劇，那一天，我們應邀去看北京人藝的「保留劇目」《茶館》，演出結束，我們又應邀登上舞臺和演、職員們合影留念。一些長袍、馬褂之中，一件藍色中山裝裹著一位瘦瘦小小的男士，他伸出手。外子握住他的手，旁人介紹說：高行健，學法文的。法語是外子第一外語，他馬上用法語向高先生致意，高先生微笑著，用嫻熟的法語答謝。在十分中國味的舞臺上，忽然之間飄起一股輕柔的法國風，有點怪異，但也十分有趣。外子記住了那個會講法語的編劇。我記住了充滿創意的作家高行健的彬彬有禮。

之後，有他新作《野人》問世，這一部「多聲部現代史詩劇」，同樣引發了爭議，而高行健則在崎嶇山路上又攀升了一節。在爭論、批判的聲浪中，我也注意到老戲劇家吳祖光、電影家鍾惦棐對這位才華橫溢、再也受不了「社會主義現實主義」的藝術家的支持。那時候，時間已是一九八五年夏。祖光先生一句話十分中肯，高行健懂法語，透過語言掌握西方的藝術形式，加以他對中國戲曲的熱愛與研究，自然會推陳出新。鍾先生則首肯高行健在舞臺上創造出的電影效果。

然而，這一切對於某些人，相當大數量的人群而言，是一種「看不懂」的東西。

終於，一九八七年高行健走了，來到了法國，臨走前，完成了他交給臺北聯合文學出版的短篇小說集《給我老爺買魚竿》，他決心「文不用以載道」，只是要用語言來創造出一種藝術境界，同時他強烈質疑如今大家使用的漢語能否樸素、確切、充分地表達人對自身的認知。

自那時起，我也成了高行健小說的讀者，三年之後，長篇小說《靈山》問世。這一次，不僅臺北學人馬森教授肯定了高行健的小說成就，而且，在聯經尚未將中文版推出之際，「《靈山》的手稿已經放在瑞典皇家學院馬悅然教授的案頭在進行瑞典文的翻譯了。」（馬森教授語）

一九九三年底，聯合報主辦「四十年來中國文學」會議。那時節外子和我又被派駐高雄。我從高雄飛到臺北開會，在圓山飯店又看到高行健，他已經在法國住了六年了。一九八九年之後去巴黎的文化人此時早已耐不住寂寞紛紛求去了，高行健卻如魚得水，似乎在往靈山朝聖途中已發現了他心目中的桃花源。在這次大會上，他瀟瀟灑灑地發表了「沒有主義」的意見，強調「怎麼說」的藝術，而非「說什麼」的內容：主義、思想、倫理、政治和文化的諸般難題。

會議廳大門外，高行健一個人站在那兒，我問他：「法國還好吧？」他微笑，和十年前一樣彬彬有禮：「法國是家，是家園。」

在他的藝術世界裡，是否法語也是原鄉了呢？然而，七年後，他因語言藝術的成就而獲獎。一路行來，這位不肯改變初衷的藝術家確確實實在外語之外的語言氛圍中尋獲了他的美麗世界。

書　名：靈山
作　者：高行健
出版社：聯經
出版年代：1990

荒誕劇

從小喜歡看劇本，那裡面是靠對話來說故事的，每每讓我感覺十分地有興味。大量的口語如同一條河，河邊及河上的風景就從那口語的浪潮裡浮現出來，讓人哭，也讓人笑。

近日翻檢手邊戲劇集，猛見一套兩冊書，一九八六年七月由北京的中國戲劇出版社出版，書的題目叫做《有爭議的話劇劇本選集》。「有爭議的」四個字還加了黃色的背景，以示突出。

第一集裡收了白峰溪的《明月初照人》、趙寰的《馬克思流亡倫敦》、中杰英的《哥兒們折騰記》、白樺的《吳王金戈越王劍》、沙葉新的《馬克思祕史》。第二集收了高行健兩個劇本《車站》和《野人》，再加上李龍雲的《小井胡同》、馬中駿的《街上流行紅裙子》、王培公的《wm 我們》。

兩集所收十個劇本當年都大大有名，原因正在於在「清除精神污染」和「反對資產階級自由化」的運動當中，這些話劇首當其衝，曾被有計畫地批判過，而白樺、中杰英、王培公、高行健這些作家、藝術家更成了「自由主義」以及「現代派」的代表。

這兩冊書最有趣的特點在於書中所集劇本、劇本作者對自己作品的陳述以及批判文章、辯解文章等等一組組排列有序，相當清晰地展示出一個光怪陸離的奇異景象。

就以高行健的《車站》為例。據高行健自己的意見，那是一個無場次生活抒情喜劇。寫在城郊一個公共汽車站，人們等候汽車，等了又等，車子卻過站不停的過程中，行業、身分、性別、年齡均有不同的人們作出的不同反應。等待、時間流逝、等待以至於絕望。

作者高行健在〈有關本劇演出的幾點建議〉裡特別指出，導演應當把注意力更多集中在全劇情緒的起伏上。他也期待在這個戲裡可以「把現代戲劇和現代詩歌更融洽地結合在一起」。在表演上則「不必追求細節的真實，更為講究的是一種藝術的抽象，或稱之為神似。」他建議「從中國傳統戲曲中汲取營養」。

在最後，高行健自然表示「以上建議，僅供參考」。

跟著，就是唐因、杜高、鄭伯農的《《車站》三人談》。

唐因指出，「《車站》的出現不是一個孤立的現象，而是當前一種社會思潮的反映。」什麼樣的思潮呢？唐因認為反覆強調人們苦苦等車，而車就是不來的這種表演，正是反映出「十年動亂和其後一段時間裡，有些人對社會主義制度、黨的領導的信任產生了動搖。」而什麼是戲劇應當擔負的重責大任呢？唐因認為：「戲劇應當負有真實反映生活、提高人們覺悟、鼓舞人們鬥志的作用。」而高行健的「錯誤」正在於他「認為馬列主義藝術科學的原理過時了，要用西方現代主義取而代之。」

杜高的批評意見除了直指高行健的《車站》絕非愛爾蘭作家貝克特荒誕派戲劇《等待果陀》的中國式的發展和演進，而是借用戲劇的形式來形成一種「很直接、很明確、很強烈的對現實社會的政治性的批判」。甚至乾脆將這齣戲叫做「社會評論劇」。

鄭伯農的意見相當直接：《車站》正是「反映了認為共產主義事業太渺茫、對人民群眾完全失望、認為中國人的『國民性』太落後，無所作為，只能屈從命運安排這樣一種思潮。」他不但要促進人們來「共同清除這種錯誤的社會思潮，清除這種思潮在文藝領域的影響」，他還要「準確地分析出作者是怎樣導致這種失誤的」。

之後，仍有反批評的意見提出，肯定高行健在戲劇舞臺上的創新與嘗試。自然，另有系統而直接的批判文章再次出現，壓倒了反批評的聲浪。批判文章的共同特點是，現如今並沒有上綱上線把高行健一棍子打死，也沒有直指他反黨、反社會主義。應該說，批判是相當溫和的，高行健不應該反應太激烈，打抱不平之人也應該適可而止。

這些文章實在是相當滑稽，批判別人作品的人可以說些風馬牛不相及的「論點」，而置作者於萬劫不復之地。而打抱不平的論者以及作者本人似乎並沒有多少為自己的論點提出申訴的可能性。

好不容易等來了老藝術家吳祖光先生和鍾惦棐先生的文章，多少為受盡委屈的作者講了幾句話。

吳祖光先生在〈高行健戲劇集序〉一文中沉痛表示：

有人譏刺高行健學習西方的現代派。我說不清楚他是怎麼學的，學了多少？但是既然整個話劇形式都是從西方移植過來的，學學西方的這個派那個派又有什麼不可以呢？

這是老前輩在為後來人披荊斬棘了。讀之，令人辛酸。

最荒謬的是，吳祖光先生這篇文章非但沒有為高行健遮風擋雨，反而招致了更猛烈的轟擊，一九八五年十一月號《社會科學評論》雜誌上，陳瘦竹直指吳祖光的辯護謬誤，其理由則是：「因為《車站》的作者學習《等待果陀》，無論在思想上或藝術上並沒有為我們提供任何寶貴的經驗。」

思想和藝術雙方面的箝制，使得才華橫溢的高行健無法自由地呼吸，出走乃勢不可免了。這兩冊書恰恰是此類荒誕劇的實例，可謂鐵證如山。

書　名：有爭議的話劇劇本選集
出版社：北京中國戲劇
出版年代：1986

瞬間釋放的溫柔

數天暖春，連鬱金香都羞羞答答地冒出頭來了。二〇〇〇年二月二十二日這一天，華盛頓地區一清早滿天紅霞，上午十時四十分開始下冰雨，跟著是暴風雪，到了晚間六時三十分，地面積雪已近六吋，華府市中心，朔風凜冽，行人裹緊大衣、圍巾，步履匆匆。歐森書店(Olsson's Book)不改初衷，仍在國家記者俱樂部為初來華府的高行健舉辦《靈山》英譯本發表會。華府地區熱愛中國文學的各界人士不畏暴風雪，時間不到七時，可容五百餘人的俱樂部大堂已座無虛席。

筆者長期從事中國語文和文學的教學、推介工作，自然在會場上遇到不少學生和舊識，看他們數年如一日依然熱愛著那個不怎麼容易親近的文學世界，心裡非常感動。

許多人懷著疑問來到這裡，因為這是一場無法掩其虛實的「短兵相接」，原作者、英譯者以及原作和英譯的研究者、喬治·華盛頓大學榮譽教授時鍾雯女士均在會場出現，同臺「對談」，其語言實力，對作品瞭解程度，口譯技巧，應對才能甚至人品和風度均無所遁形。更重要的是，絕大部分現場觀眾都有雙語能力，他們要透過實地「觀戰」，就對英譯本的「難解」、「晦澀」、無法「悅讀」的句子後面是不是隱藏著瑰麗的文學世界等等一系列問題找到答案。他們都聽說了，《靈山》有一個極為迷人的法文譯本，他們要知道英譯的問題究竟是怎樣產生的。

時教授提出了第一個問題，因為英語讀者對高行健作品較為陌生，請他簡單談談《靈山》的主題。高的回答：「這本書裡什麼都有，又什麼都不是。」譯者譯成英文時，聽眾大嘩，因為那英文完全沒有傳達出作者原話的禪機。至於接續下來的問答，高行健在作品中的「質疑」、「自我表述」、「困境」之類的見解，聽眾們基本上依賴他們自身的語文能力，英譯基本上是一個簡化甚至「辭不達意」的過程。當提到佛經、《山海經》、《水經注》之類字眼時，聽眾當中不斷發聲，且有更佳譯文出現。雖然高行健用中文說明《水經注》是一本地理書，譯者仍無法找到相對應的譯文。坐在我左手邊的一位女士，年紀很輕，中文修養卻不錯，她不斷出聲補充，金髮碧眼的她有時甚至露出激憤的表情。

議及「逃亡文學」，高行健充分表現其追求自由的精神，逃避「主流思想」、「意識形態」，以「寫給自己看」來完成「內心的逃亡」等語，使得聽眾深深認同他那種源於中國大陸的語言特色，報以掌聲和歡呼。

議及創作，高行健明確提出的都是在《文學的理由》裡面已經被清楚說明了的理念。大堂內的聽眾並不覺陌生，都有著熱烈，恰到好處的反應，足見其熟悉程度。

震動全場的，是一個大家雖然耳熟能詳，《華盛頓郵報》也詳細報導過的命題，高行健十分肯定地告訴大家，比諾獎重要的是生命，而比一切都更重要的是「當下」。「當下」即「現在」，即此時此刻。與會聽眾無需任何翻譯，跨越了語言藩籬，一下子和作家站到了一處，共同領略對生命存在的珍惜與熱愛。

時間飛逝，進入聽眾遞條子提問題議程。一個問題是：「翻譯使你的原作失去了什麼？」時教授在提問時將問題鎖在「法譯本」範圍內。高行健的回答指向了一切譯本：「拙劣的翻譯會殺掉一部好的作品」，他耐心等譯者譯完之後，又補充：「再好的譯本也救不了一部拙劣的作品。」這句話不必等譯者翻譯了。全場為他上一句話而哄堂大笑，笑聲持續著，譯者的聲音被淹沒了。

不過我認為，好的譯本救得了任何質量的作品，更可以改變原作在文學史上的地位。至於譯本成為殺手那更是司空見慣。中文世界對翻譯一向是只能鼓勵，不敢批評，似乎是人家翻譯了，勞苦功高，原作者除了感激以外，怎能說半個「不」字？對語言有潔癖的外子常為此事憤憤不平，覺得中文作家在劣質譯本面前受盡了委屈。二十二日晚間，歐森書店同時供應香港中文大學翻譯出版的高行健戲劇集《彼岸》。外子手捧那儉樸的平裝本，瀏覽數頁，心情極為舒暢，連連點頭：非常專業，好得很。大華府地區行家多得很，《彼岸》轉瞬間銷售一空即是明證。

讀者另一個書面提問更加有趣。問題是：「高先生，你小說中的男人和女人之間似乎缺乏溫柔。為什麼？」時教授譯到最後笑問大家：「溫柔怎麼譯啊？」在大笑聲和此起彼伏如潮湧般口譯聲中又轉向高行健，急急告訴他：「你不想回答，可以不回答。」與此同時，早已因為日程過於緊湊而熬得雙眼通紅的高行健頭一側，笑容之中竟略含羞澀。他表示他要回答這個問題：「因文化各異，對溫柔也有不同解釋。」然而，聽眾們，對「溫柔」深有體會的華盛頓男女們都感應到小說家在這一瞬間釋放出的溫柔。他們大呼小叫，熱情回應。我相信，就在此一瞬間，他們完全跨越語言隔閡而愛上了這位小說家。一位青年甚至高叫出聲，「請他多談一點，多談一點……」

雖然高行健在這一場不怎麼專業的活動中沒有機會多談一點，然而，他大獲全勝，當他翻開中文版《靈山》第一頁，以帶著鄉音的國語念了一小段的時候，聽眾和讀者的熱情達到沸點，大堂被經久不息的掌聲抬了起來，翻譯已完全不再需要。

我們與相識或不相識的人們站在等待簽名的行列裡。高行健認出我們，和十八年前一樣與外子握手。當初，他們在北京人藝劇場內初識，用法文談得甚為愉快。

幾位當年在北京工作的美國外交官和我們一起步出國家記者俱樂部。他們曾熱情關注所有在「清除精神污染」運動中被批判、被箝制的中國作家、藝術家；他們曾是高行健們接觸自由世界的橋樑。其中幾位曾在我的課堂內研讀高行健劇作《絕對信號》和《車站》。

今天，他們為高行健走出困境而高興。他們和華盛頓的愛書人一樣買票入場，在現場買書，站在隊列裡，走近高行健，看到他仍是一位謙謙君子而十分高興。當年，他們的關注裡除了個人的熱情之外尚有責任。今天，他們冒雪而來，原因有二，一是他們高興看到那曾經陷入苦痛中的一大群人裡面終於走出了一位。再有就是他們多年來對中國文學的熱愛和期待完全沒有落空，他們高興親眼看到這一結果。

大家走進近鄰的「紅鼠尾草」餐廳，互相交換著欣喜的目光。「除了幾線皺紋之外，他一點兒沒變，還是文質彬彬，我真是非常喜歡他。」——外子道出了我們共同的感覺。

深夜，大雪已然停歇，第二天將春陽高照，相信高行健會看到華盛頓的綠色。

書　名：The Other Shore
作　者：高行健
出版社：香港中文大學
出版年代：1999

西西弗斯的命運

一九九七年，大陸作家鄭義和日本作家大江健三郎分別為倫敦《時代》雜誌亞洲專號撰稿，由此，兩位作家見面了。但也就開始了他們之間的藉由英語交往的過程。不諳中文的大江熟讀鄭義作品日譯本。鄭義也是透過中譯本讀大江的作品。

二〇〇〇年，大江和鄭義的通信在日本《讀賣新聞》等報章雜誌刊出。鄭義及其作品受到日本文化知識界及廣大讀者的歡迎。

我手中有兩位作家的四、五封通信，鄭義的信本就是中文，神采依舊；大江的信則是由日文逐字譯來，鄭義說：「譯得生澀。」讀來卻覺真實可信。

大江坦誠地表達了他對鄭義近作《神樹》（臺北三民書局一九九六年出版，已有日文譯本）的欣賞，他認為鄭義在流亡異國的困難當中依然完整地捕捉到了當代祖國迫切需要的主題群，寫出了一部非常中國的民眾生活史，將抗戰以來直至八十年代末的中國農村生活作了精采的描寫。大江稱《神樹》是一株宇宙樹，坦露了他衷心的讚美。

大江寫這封信的時間是二〇〇〇年元月，地點是柏林，他當時和鄭義一樣，憂心忡忡地站在異國的土地上回首自己的祖國。他談及和鄭義見面的時候，兩人討論「悔恨」(Repentance)的深意。鄭義表示，十年來，在中國的政治、社會、文化中，悔恨之情十分欠缺。

大江憂慮的，正是日本知識界有意識地反省、不斷地記憶、對本民族帶給人類的巨大災難抱有強烈悔恨卻遭到一些年輕理論家的嘲笑以及新國家主義者的敵視和壓制。大江憂慮日本的未來，日本年輕一代心靈上的蒙昧。

鄭義的回信熱情洋溢，他先談到的是文學，是他讀了大江〈萬延年的足球隊〉，對這位深具日本文風的小說大家如何處理鄉土語言和文學語言的關係有興趣。他也談及他的三封沒有寄出的信，其中對中國知識界近年來反民主、反世界的民族主義狂熱表示絕望，連譯者都覺得太悲觀。然而，鄭義真正要談的，卻是日本沒有的流亡文學。自屈原始，在中國文學傳統裡，「無家無國一貧如洗而僅存文字」的書寫者們絡繹不絕，他們在見不到讀者與評家的放逐中自生自滅，但卻回到了文學的最原始的本質：傾訴與美。

不幸的是，文學與政治竟是難捨難分的，曹雪芹寫了家族的懺悔，魯迅寫了民族的懺悔，緊隨他們身後的鄭義卻清醒看到民族的沉淪。他回答大江時語氣沉重：

由於我們這一代人的怯懦、苟且、缺乏想像力，屢戰屢敗，國家至今還籠罩在專制腐敗的陰霾下。中日兩國青年都不太清楚自己國家的一段罪惡史：二戰侵略史和共產專制史，弄不好會殊途同歸，都會走向戰爭，走向霸權主義。

大江在回信中談及他在柏林和一位臺灣年輕人的接觸，那年輕人對李登輝的「國家主義」有警覺，但又熱心地問大江，如果臺海爆發戰爭，日本的新國家主義者——如石原慎太郎之流——大概會派「義勇軍」吧？

大江回答：

日本的新國家主義者並沒有軍權，如果臺海之戰爆發，受日美安全保障條約約束，日本自衛隊必然成為美軍後衛。戰爭如果演變成核戰，即使中國大陸和美國尚有人生還，臺灣和日本是不必存幻想的了。

大江認為，日本應祈禱中國大陸和臺灣有建設性的和平，任何煽動雙方關係緊張的舉措都必須避免。

鄭義的回信是二月中旬寫的，直言「戰爭正在逼近」，而能夠制止戰爭的，恐怕不是國際警察而是渴望安寧與和平的各國人民。但是，如果人民沒有知情權，不知核戰之可怕，或者人民不願知情，不知對手究竟想打什麼牌，那「人民的力量」也就無助於和平的鞏固。

在大江的來信中，曾將鄭義的《神樹》與葛拉斯（Gunter Grass，一九九九年諾貝爾文學獎得主）的《無盡荒野》相提並論，並將這兩本書列為一九九九年日本譯文中最佳的兩部外文著作。大江在柏林學界不斷引領青年學子持續討論這兩部作品，折服於兩部作品的思想性、藝術性和歷史觀。

在回答這部分內容的時候，鄭義只是謝了大江的鼓勵，著力談了另一位大陸詩人黃翔，一位為自由的理想奮戰一生的詩人，一位曾經六次入獄，慘遭折磨的詩人，一位無視紅色恐怖，在一九七九年的北京，將長詩貼上牆頭，用朗誦在天空中點燃自由詩句的詩人。他和鄭義等人一樣，最終被逐出境外，成為一個流亡文學的寫作者。

鄭義熱愛大江和葛拉斯，他們三個都是不斷反思的作家，他們都「不討人喜歡」，但他們都全身心關注著尚不自由的人群。大江和葛拉斯都在聲援中國大陸知識界呼籲「提倡寬容與人權」的聲明上簽了名。葛拉斯的反思曾激起德國的「憤怒甚至仇恨」。大江的反思，大江和渡邊一夫、丸山真男有著共同的志向，組成了「悔恨共同體」，也招致日本國內的吠聲不斷。鄭義更是義無反顧地踏上了流亡之路，隔著大洋，遙望祖國，他最好的讀者在大陸，但他的書目前不能在大陸出版；他最好的出版者在臺灣，但多數臺灣讀者讀不懂鄭義的情懷。他不得不生活在一個英語的世界，但他熱切地關心著美國社會的成功與挫折。他比索忍尼辛走得更遠，他不只是在他鄉異地用母語寫作，他也在一天天地拉近他與異地之間的距離，以一個更加寬廣的視角剖析他苦難的人民，在繁榮的假象下面矛盾日益激化的祖國。

但無論怎樣，已經回到日本的大江健三郎、仍在流亡路上苦苦掙扎的鄭義、洞悉德國的羞恥，卻仍以德文寫作的葛拉斯，都是當代的西西弗斯(Sisyphus)，推滾石上山，周而復始。那是他們的命運，也是帶著自己的語言文字在世間跋涉，仍然不失熱情，不讓希望死滅的寫作人共同的命運。

書　名：神樹
作　者：鄭義
出版社：三民書局
出版年代：1996

珍貴的譯筆

一卷詩挾著電閃雷鳴穿雲破霧自遙遠的香港飛來，落在我的書桌上。譯家和評論家是臺灣文壇極受尊敬的鄭樹森教授，他選了二十三位非華語詩人的作品作為翻譯和介紹的對象，成就了這本題為《遠方好像有歌聲》的詩集，由香港素葉出版社出版。

鄭教授為文一向言簡意賅，十分凝煉；他是比較文學專家，治學嚴謹，字字有典；這次，他在極短的後記中表示這本詩集收了他個人二十三年來的譯詩，且「選材並無系統」。似乎，是由於友人和素葉出版的推動，才得以成書。

目錄上，以國家和詩人的名字、生活的年代作了條目，給了這些在世界上東奔西突的歌手們一個基本的地域和時間的規範。此一作法，如同字典，是為讀者著想的。

但是，人人都記得，鄭樹森教授本人正是一座橋樑，他以自己的學識和修養為華文讀者打開了現代國際文壇的窗。他更對當代世界文壇重量級作家、諾貝爾文學獎得主們有獨到的研究和觀察。幾乎每年十月，臺北文壇都能將鄭教授的研究在第一時間推介給讀者，迅速地拉近了那些陌生人和華文讀者的距離。

在這一卷譯詩內，我們可以讀到七位諾貝爾文學獎得主的作品。有一九四八年獲獎的艾略特 (T. S. Eliot)，也有一九九九年得獎的葛拉斯 (Gunter Grass)。

另外一個特色是流亡。許多著名的作家、詩人都無法屈從於任何專制體制。他們不能忍受任何文化上的、政治上的箝制和封鎖，他們逃亡在外，在能夠自由呼吸和自由創作的地方繼續高聲吶喊和歌唱。其中，有好幾位同時也是諾貝爾文學獎得主。希臘詩人伊利提斯、波蘭詩人米華殊、俄羅斯詩人布洛斯基、尼日利亞詩人索因卡、墨西哥詩人帕斯。他們和他們的詩作都被收進這本集子。

當然，著名的流亡作家，波蘭的巴倫切克、羅馬尼亞的狄尼斯古、伊拉克的賴亞齊和巴雅提，他們的詩作也都被鄭教授譯成中文，收進這本詩集。

再者，就是沒有流亡，卻高舉抵抗的、要求獨立自主的、反叛的，或是叛逆的旗幟，在自己的母國，在母語的氛圍內繼續創作；捷克的塞佛特、立陶宛的吉達、南非的布瑞騰巴克、美國的羅威爾。他們反對強權的占領、反對壓制、反對種族歧視與隔離、反對戰爭。他們對違反人性的種種慧害的不共戴天都在他們的歌聲中流淌出來，也被一一收錄。

自然，還有一些詩人入選的原因只是因為其作品的出眾。其中尤以路西亞的沃葛特最為引人注目。鄭教授如此描述沃葛特的獨特性：

沃葛特為當代世界英語詩壇異數。在敘事長詩早已隨著英美現代主義的退潮而沉寂多時後，這位來自舊日英屬西印度群島聖路西亞的詩人，成為逆流而上的獨特聲音。西印度群島沒有本身的創作及文學傳統，因此沃葛特以大西洋兩岸的英美文學家為借鑒的對象，但也因而能夠比較自由地出入這兩大英語系統。沃葛特獨立、孤單地成長於外來的體系，因此詭異地將原有文學史的順時發展壓縮成一種並時性承接。在美國詩再度自迷於某種「語言的互解」，而英國詩則走上地域口語的「小眾化」之際，沃葛特的詩作不但翻修英詩格律，甚至青出於藍，讓讀者重識一種古典的華麗，不啻是來自加勒比海的個人風潮。

由「邊緣」而「獨領風騷」，鄭教授的介紹由淺入深帶領讀者進入沃葛特的奇瑰世界。甚至連艾略特這般以晦澀聞名於世的詩作，鄭教授不僅翻譯，更添加上必要的說明，成為極佳導讀，引領讀者度過礁石和險灘，領略詩人的情懷和詩作的美麗。

詩是要在不受干擾的寧靜中反覆去讀的。於是，畫面和音樂出現了。那些在翻譯過程中雖然「模糊」、「飄忽」起來（鄭教授語）的來自遠方的歌聲以中文構成之後依舊詩意盎然。

我反覆重讀希臘詩人伊利提斯的〈飲柯林斯的太陽〉，思緒飛回柯林斯，希臘半島和伯羅奔尼撒半島之間的要衝。高踞於丘陵之上的太陽神神殿，是我每次去柯林斯必定要去拜訪的，我醉心於坐在大理石的殘垣上，聽阿波羅吟唱。海浪歡騰著，揚起凜冽的風，掃過柯林斯灣，濤聲起伏。神殿腳下，古希臘最大的劇場平展展地以一個巨大的半圓吸納著來自天上和地下的歌聲。我無數次撫摸著鑲嵌成海浪和陽光的卵石，傾聽石頭訴說歷史的某些篇章和段落。

現在，一個冬日的午後，柏樹的枝椏在寒風中揚袖起舞，我卻在「飲柯林斯的太陽，讀大理石的殘垣」，透過一支珍貴的譯筆「找到太陽的讚歌記頌的樹葉」、「找到慾望欣切要開拓的——活的土地」。

一切的喧囂、無謂的忙碌，都在這傾聽中消失了，剩下的只有清明和美麗。

一卷詩，挾帶著來自遠方的歌聲翩然而至。

一卷詩，凝聚著智慧和美感，遠離商業和世俗。

一卷詩，印製數量只有五百，傾聽其歌聲的該是一些善於傾聽的心靈。

於是，更加珍貴了。

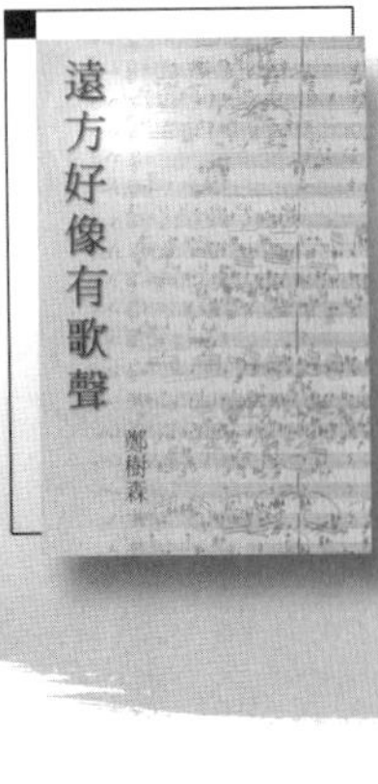

書　名：遠方好像有歌聲
作　者：鄭樹森
出版社：香港素葉
出版年代：2000

凍結的情感

日本文學有其相當精緻、柔韌的風韻，親近日本小說的中譯本有時候也需要相當的耐心，讓人想到日本美食的精巧。

井上靖的《流沙》卻把書中的日本人帶往歐洲、中東、近東。在大漠與古蹟的廢墟上，營造情感故事，大氣磅礡，成為當今世界漂流文學中的一部傑作。譯者是居住在美西的李峰吟女士。她為了更貼切地體驗書中的背景，曾長途跋涉，奔去埃及。深具中、日文素養的李峰吟在翻譯的過程中想必不斷感受著作品帶來的「悅讀」心情，譯成之後，迫不及待自行將其印出，推介給中文讀者，使得這個譯本更為珍貴。全書上下兩冊、八百多頁，結構嚴謹、細密，將書中幾個人物的情感世界刻劃得清晰可見，確是一部難得的小說佳作。

考古學家東平和鋼琴家章子由人撮合，閃電在歐洲成婚，飛去中東渡蜜月，卻只過了五天好日子。章子為了聽一場外國鋼琴家的演奏而自行中止蜜月，飛回巴黎。新婚夫婦由此而明白兩人的婚姻似乎也可以中止了，於是協議離婚。

考古工作者傾心的自然是古代文明，鋼琴家傾心的自然是現代文明。小說家井上靖在其書寫中，自然流露的正是古文明和現代文化之間的矛盾與衝突。

巴黎是一個多麼繁華而熱鬧的所在，在東平眼中或在井上靖眼中卻是真正的廢墟。因為，千年之後，從塵封的巴黎只能尋找到鋼筋水泥。

婚姻失敗，東平聽到的卻是沙漠的呼喚，他奔向敘利亞，和伊拉克攝影師凡桑結伴，進入古代巴比倫的巨大遺蹟。

同樣婚姻失敗的章子聽到了音樂會，受到了感動，但卻陷入孤獨之中，在友人九堂先生陪伴下，接觸藝術品以填補其空虛的心靈。

極其弔詭的是，章子拚命用功，且以鋼琴為愛人自許。但她不明白，藝術是一個精靈，不只是靠手指的技巧，而是要用心靈和情感去體悟的。一個不懂得愛與美的彈琴者充其量只能敲出聲音，卻不能彈奏出音樂那撼動人心的力量。

九堂先生閱人無數，似乎想點化章子，他和章子之間有些「凍結」的談話，比方說，「建築是凍結的音樂」。之後，章子友人美雪出現，她是另一個極端，她深知情是何物，愛得如同戰場上的勇士，愛得如火如荼，因為她愛上了有婦之夫。自然，那也就是「凍結的愛」了。最動人心弦的卻是，當那有婦之夫的妻子因癌症亡故的時候，美雪的愛失去了戰場，她卻不能順理成章地和昔日的愛人生活在一起，反而將那份情感變作化石深埋心底。美雪的心成為另一座廢墟。一位平凡女人轟然而頹的情感才真正化作撼人的音樂，卻不是所謂的音樂家章子能夠真正懂得的。

日本人東平遊走於沙漠瀚海，他的昔日愛人，一個用世俗的眼光看來，幾乎不堪聞問的女人，身軀已死，靈魂卻追隨東平。一個在生界，一個在冥界，卻展開了通天徹地的深談。井上靖透過筆下人物，深刻闡述他對愛情的看法。愛情無從「培養」，是從天上掉下來的，是一種宿命，無可規避。愛情也如輕風一般，逸走時是九頭牛也拉不住的。人就在宿命的折磨下苦苦輾轉，不知所終。井上靖的內心深處正和古希臘的悲劇精神產生著共鳴。這共鳴使他的作品產生恆久的力量。

書中人物九堂先生的情感，比較曖昧，井上靖採取側寫之法。世俗之人，看九堂先生前妻是一位神經質的女人，「精神病」之類的。她去世十年，九堂先生卻在想以夫婦名義出版自己和前妻收藏的袖珍畫。看在不懂人情的章子眼中是一件令人生厭的事。深懂人情的美雪卻看出九堂夫人對丈夫深沉的愛，因不得不離去而產生的哀怨。井上靖以名畫來昭示其理念，使得這本書被一種高貴、肅穆的氛圍所繚繞。可喜的是，李峰吟的譯筆使原作的氛圍清晰再現於中文本中。中文讀者有幸透過譯筆感受其神髓。

至於考古學家東平昔日愛人悠子的情感卻坦率得可愛，是獨占式的，也是自說自話的；將心與身體截然分開，認為，軀體不過皮囊而已，算不了什麼，重點是心。心給了東平，就有了獨占的權力。再次「重逢」，卻違反冥界的遊戲規則，在東平唇上留下冰冷的一吻，於是連靈魂也保不住了，從此不能在東平身邊遊蕩。為章子復回埋下了伏筆。作為小說家，井上靖的細緻、周到令人擊節。伊拉克攝影師凡桑的「一頭熱」也真誠、可愛。女友生前拋棄了他，死後再次離開了他。凡桑和悠子的情感似乎都凍結在廢墟裡了。但是，凡桑和悠子的情感卻正是世俗社會裡最常見的。小說家以戲謔手法表現世俗人情，啟人智慧，是上乘的寫法。

尼羅河、大漠風光、巴比倫廢墟、古埃及的帝王之谷以及阿富汗的荒野，全成為巨大而深刻的背景，為人類的智慧與愚行作見證。巨大而深刻的背景增加了小說的力度。數年前，我曾遊走在尼羅河畔的阿蒙神殿，曾在帝王谷間流連，曾醉倒在大漠落日的霞光之中。

感謝井上靖，帶我重遊埃及。感謝李峰吟，那樣誠實、細膩、溫婉地再現井上靖的世界。讓我們觸摸各式各樣「凍結的」情感。

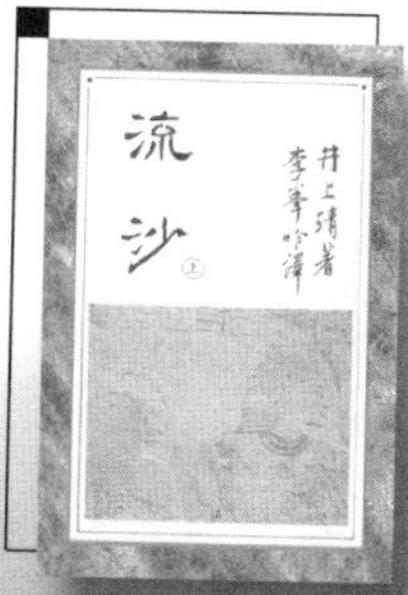

書　名：流沙
作　者：井上靖
　　　　李峰吟 譯
出版社：美國東思社
出版年代：1995

橋頭堡與自畫像

對書籍的熱愛使我關注任何一種書展，無論展場設於繁華之都或窮鄉僻壤，無論書展規模大小，我都會努力前往。實在辦不到，就尋找相關報導。

法蘭克福書展，那個全世界出版人聚會的地方，有一位長達二十五年的主持人衛浩世(Peter Weidhaas)。他的回憶錄由王泰智譯成中文，交由臺灣商務印書館出版。這本書談到了三十年前的事情，不僅是書展，更是衛浩世的內心獨白。也就是說，這本書寫的不是他做了主席之後的二十五年，而是他坐上主席這把椅子之前幾年的旅程和掙扎。這本書的題目叫做《憤怒書塵》。

一位德意志青年，他怎樣看待他的「不神聖」的祖國，他怎樣拒絕他的母語、他的生存環境，而期待在另外的、完全不同的文化中尋找歸宿。這樣一個痛苦而絕對孤寂的徘徊體現了血腥的二十世紀一種獨特的人文風景——在世界各地，尤其是西方，由知識分子的思考和追尋而形成的人文風景。

一九三八年，衛浩世出生了，他出生在納粹德國的「鼎盛」之中，或者可以說他出生於其他民族的血泊之中，他對納粹德國的厭惡與生俱來。他透過閱讀來認識世界、面對自己。在狂躁的青年時代，邁入著名的書店，開始了書店學徒的生涯，為他日後在書商協會的工作奠立了基礎。但是老派書店的高高在上，以及那種自以為是的傲慢對讀者所形成的「門檻恐懼」心理，使青年衛浩世再次萌生出門流浪的願望。

他在流浪中體驗人生的悲苦與無奈，以及命運強有力的指引。那指引正是「強迫」他回到他出生的地方、回到他的冬月之國，他甚至回到納粹德國屠殺猶太人的罪惡之地奧施維茲。在面對父輩們所犯下的罪行的時候，他的痛苦和煎熬我們可以透過他的書寫充分而具體的感覺到。他在研究過程中得出了「不准忘記」的結論，「犯下大屠殺罪行的是一整個民族，而不僅僅是個別掌權者和政府。奧施維茲所以成為可能，是由於權力的超界，而整個權力是在一個非理智性的民族的容忍和輔助下形成的。」他震驚地發現，當年「沒有出現任何阻力和顧忌，一個民族的高度文明成果和對其他生命的野蠻蔑視之間的隔膜竟是如此纖薄」。

日後，衛浩世進入書商協會，透過書展這樣的橋頭堡「在世界上介紹德意志文化、文學和語言，讓世界和這個刻板的德意志國家及這個脆弱的德意志性格實現和解」。正是基於他青年時代的反叛性格，深入研究與認真思考。思考和行動的一致，使衛浩世在舉辦書展的過程中成為一位有堅定原則，不向現實與世俗妥協的展覽人。在智利，他應邀出席極具影響力的大富豪的家宴。這本來是一個難得的機緣，對書展而言是極其有利的。然而，主人餐廳裡希特勒的油畫像，使得衛浩世不得不提出抗議，並不得不離去。雖然書展受到了干擾，但是一九六九年的智利是「一個支離破碎的社會」。在「一個觀念和信仰極端變態的地方，迷茫不安的中間階層總是渴望獲得資訊。」因此，曲曲折折的書展仍然獲得很好的展覽成績。

與南美洲的紛亂（智利）、熱情（巴西）形成鮮明對比的，是當時在鐵幕下的東歐。

一九六九年年底，一個只有四百本書的「德國現代文學」展，書展受到羅馬尼亞官方的刁難和抵制；在民間，在祕密的地下，文學愛好者們卻對三十年後的諾貝爾文學獎得主、羅馬尼亞民眾心中的德國詩人君特・葛拉斯表示了誠摯的歡迎。他們引領衛浩世和葛拉斯抵達一個祕密會所，準備了葛拉斯的作品，請他朗讀自己的作品。他們對文學的熱愛、對作家的欽敬，他們為了聆聽心愛的詩人的作品表現出的勇氣、智慧和耐心，深深感動了衛浩世，也感動了《憤怒書塵》的讀者。我在想，臺北國際書展期間，有沒有作家讀書的活動呢？臺北的民眾是不是和當年羅馬尼亞民眾一樣，熱愛文學家和詩人呢？自然，臺北民眾的情形容易得多，大家可以公開表達自己的熱誠，政府和民眾是站在一起的。

衛浩世在莫斯科的經驗卻是真正的文化苦旅。他和他的同行們碰到的幾乎是意識形態的銅牆鐵壁。在這個時候，我們可以看到衛浩世們以怎樣堅定的信念在冰原上鑿出一個又一個小洞，直透冰層，終於使得來自西柏林和聯邦德國的圖書進入饑渴的蘇聯民眾的視線，那時距離這個紅色帝國的瓦解尚有二十年的光陰。

成功的橋頭堡幾乎無堅不摧，衛浩世在他的自畫像中卻展示了他個人生活方面的另一番光景。他期待與一個拉丁美洲來的妻子和她的孩子共同「建立一個新的、無壓抑的、不受任何德國傳統扭曲的內在空間，一個小家庭。」他甚至期望這個「充滿衝突的冒險」，這「最後一次的浪漫行為」可以在他的私生活裡完全形成另外一種思想、存在和行為。

然而，和他在遠東的旅行一樣，自己成了陌生人。他的家庭自外於他，自外於他的國家，他陷入孤寂中。他也明白，他和妻子、孩子回到南美，他將依然是外人，他將依然被排斥，他不屬於「那一邊」。他也不屬於「這一邊」。他的批判精神使他在「中間」，尋找到他自己的位置。

他在法蘭克福書展主席的椅子上坐了二十五年，那是一個非常合適於他的位置。合上書頁的時候，我聽到了衛浩世遊走於世界各地沉重而堅定的腳步聲。

書　名：憤怒書塵
作　者：Peter Weidhaas
　　　　王泰智 譯
出版社：臺灣商務
出版年代：1999

弔詭、迷人的文字世界

正如作者賽門・溫契斯特（Simon Winchester）在後記中所言，在 *The Professor and the Madman* 這本集傳記、語言學、語源學於一堂的故事裡，真正的主角是OED（牛津英文大字典）。耗時七十年，無數義工參與其工程，一九二七年宣布完成時的成績是十二鉅冊、四十一萬四千八百二十五個單字列出了定義。牛津大字典每個單字的定義以出處準確、行文優雅著名；一百八十二萬七千三百零六條說明性的引句，這些引句出自四、五百年來的英國文學作品，不但精準地描述了每個單字的意義和用法，更清楚地說明了這個單字出世、成長、變化的整個生命史——這樣一本字典。

而麥諾醫生(W. C. Minor)僅憑一人之力就完成了其中的數萬則。他是誰？

OED 最偉大的主編莫雷先生(James Murray)為大字典貢獻四十年的生命與心力，他又是誰？

溫契斯特一往情深地為我們拂去了歷史的塵埃，揭去了新聞記者杜撰出來而流傳久遠的浪漫紗幕，讓我們看到兩個高貴心靈之間文字的洪流以及他們置身其中的那個弔詭、迷人的文字世界。

這樣一本巨型的、結構嚴密的、劃時代的字典，要怎樣開始？

答案卻是極為簡單的。從書架上拿下一本書，放在桌上，打開它，細細地讀，然後把單字、例句和字義、出處寫下來，寫成紙條供編輯們分類、整理，是多數義工的作法；寫成小冊子，再問編輯們需要哪個字而全力提供例句是麥諾醫生的作法。

一八八五年春天，最早一批雪白而沒有行線的紙條，六吋長，四吋寬，上面寫滿了麥諾整齊、用心，而且很明顯是美國味的筆跡，以帶綠色的黑墨水所寫的資料，開始由布羅德慕爾的收發室寄出。到夏末時分，起先是每月一次的小棕色紙包，已經變成每週一次的大包裹寄到目的地，再過不久，原先像小雨般飄來的紙條就變成了狂暴的大風雪，從克隆松尼不斷地吹襲過來，維持了二十年。

感謝譯者景翔先生以如此美麗的中文傳遞了原作的優雅。

郵件的目的地是：牛津，莫雷博士。

克隆松尼是一個離牛津四十英里的小村，真正是近在咫尺。

布羅德慕爾卻是一所罪犯精神病院、一所監獄、一所瘋人院。

文質彬彬、極富才華的美國退伍軍醫麥諾是一位妄想症精神分裂患者，他自年輕時就「感覺」有人迫害他，出於自衛，他持槍殺了一位和他毫無關聯的普通工人，住進布羅德慕爾，一住三十八年，而其中二十年貢獻給了大字典。

溫契斯特是位聰明而嚴謹的作者。他首先在前言中引述了那個流傳久遠的浪漫故事。然後，如同編寫字典一般，以神祕的(Mysterious)、謀殺(Murder)、博學者(Polymath)、瘋癲的(Lunatic)、長單字(Sesquipedalian)、瘋人院(Bedlam)、目標字(Catchword)、貧窮(Poor)、直到結局(De’ nouement)、記憶力(Memorial)等等，一層層引人入勝地揭開整個淒美的故事。

淒美，大概是形容這本書最恰當的一個中文詞彙了。

十四歲就輟學，出身貧苦，本著對知識奇大無比的胃口，自學成為公認的學界巨人，雖然對OED貢獻巨大卻一生清貧，大概是莫雷博士的簡況。他在成為OED主編之後發出公開信，徵求義工為大字典寫例句。那是十九世紀八十年代初的事。

那時候出身富裕家庭，耶魯背景，一生不缺金錢的麥諾已經在瘋人院關了八年。弔詭的是，被他誤殺的工人的妻子早已原諒了他，不但帶書給他，也帶進了莫雷的公開信，而開始了麥諾驚人的二十年奉獻。

十年之久，主編與資料提供者之間通信不斷，主編卻不知麥諾如何生活，只認為他是有錢、有閒的學問人，直到友人透露出實情。主編對麥諾的同情、痛惜油然而生，持續到自己生命的終結，雖然麥諾早已無力再為大字典工作，這份因字典而結緣的友誼卻在他們的生命中延續著、延續著。

整本書讀下來，讀者無論是什麼背景，大概都會對文字本身產生敬仰之心，雖然OED產生之初，工程起因卻是注滿了沙文主義的，大英帝國認為自家語言應當成為世界語，推展到每一個有人的地方。二十世紀，拜電腦之賜，英文真正成了領先科技的語文，OED沒有辦到的事，電腦辦到了。然而，OED的偉大成就卻是文學的，是文學史上最壯麗的豐碑。

溫契斯特將這本書用作對喬治・梅瑞特（G. M.）的紀念。沒有 G. M. 的被誤殺，就沒有麥諾的被關，一位有錢、自視甚高、受過高等教育的美國人大概沒有太多可能日夜不息地為牛津大字典奉獻二十年！

我在掩卷嘆息的時候，卻十二分地懷念莫雷博士文書房門口，那紅色直桶式的巨大郵筒，它曾長時間每天吞進大批郵件。我二十四分懷念莫雷和麥諾之間數十年未曾間斷的紙張的暴風雪和墨水的狂濤。

溫契斯特留下了一塊 OED 的印刷模板。我在合上這本弔詭而迷人的小書前，貼進了一張 Claire Lerner 設計的藏書票，無葉而盛開的玫瑰。藝術家稱之為 Art in Motion，今日書商卻標示是晚春景象。

我卻在想，麥諾為莫雷寄上的第一個單字正是 Art，藝術。

書　名：瘋子、教授、大字典
作　者：Simon Winchester
　　　　景翔 譯
出版社：時報
出版年代：2000

一條河與她的出口

不斷地，聽到有關「自由」的討論、呼籲以及嗟嘆，這些議論都會激發我去看一些特定的人的書寫，看他（她）們對於自由的考量。事實上，多數人都不一定是完全自由的，生活本身、世俗社會都會給人帶來一些禁錮。念及此，去看真正生活在禁錮中人的書寫，尤其會使心靈清明。

在這些書寫中，我尤其喜歡捷克總統瓦茨拉夫・哈維爾(Václav Havel)的《獄中書簡》，中文版一九九八年三月由香港田園書屋出版。這本書裡的信都是單向的，由哈維爾寫給他的妻子奧爾嘉。在一九七九年以後的四年中，哈維爾因為他的信仰、思想、作為「保衛被誣陷者委員會」的成員而被捕、被審判，關進魯津監獄，直到一九八三年在重病中被釋放。在失去行動自由的同時，作家、戲劇家、思想家哈維爾也失去了書寫任何東西的自由。給至親之人寫信成為他書寫的全部內容。他在獄中的思想如果是一條波瀾壯闊的河，那麼這些通過層層檢查而流出來的信件則是一個出口、一種完成。

他的獄中生活究竟是個什麼狀態？而這種狀態對他的影響，是我在讀這些信時最想要瞭解的。

事實上，信不是寫給奧爾嘉一個人看的，有權力不准信件遞送出去的傢伙們毫無章法的心血來潮，使得這些信遠離了獄中具體的生活。

但是，哈維爾畢竟是位語言工作者，我們從字裡行間可以捕捉到一些訊息：他和什麼人共同關押，失去了寧靜；除了工作時間，他可能被別人欺侮；工作則是沉重的，他開始時無法和年輕人一樣完成定額；他腿痛；他盼望淋浴的日子；他的香菸被人偷去；他需要厚一點的襪子；他必得喝茶；他期待妻子在信紙上滴上的那一點點香水，用以抵抗牢房的惡臭等等。

我只在一段文字中捕捉到哈維爾生活的那個具體的空間。一九八〇年八月八日，信中有這樣一段話：

我猜，我是他們所稱易激動的人，只要聽到有人大叫我的名字，心臟就砰砰直跳，當我充滿恐懼地迅速站起來，我的腦袋就多了一條傷口。

然後，哈維爾如此安慰奧爾嘉：

但你千萬不要從我的行為得出什麼深遠的結論。除了是這麼回事兒外，那沒有任何別的含意：什麼事兒我都體驗得比以前深刻，在某種意義上說，也付出得更多。

他居住空間的高度不及身高，他處在驚恐中，他受害的感受比前次入獄更為強烈，他在付出更昂貴的代價：身心兩方面的健康。這大概是我們可以得到的一個結論。

我想，工作的不勝負荷是折磨知識分子的一件利器。不再是十八、九歲的小夥子，出身富裕家庭的哈維爾在「完不成定額」時的沮喪以及強烈的挫折感，大概是獄方最高興看到的。也是今天，事情過去將近二十年之後，我們讀哈維爾總統這些信件時，會感到椎心之痛的。

謙謙君子的容易受傷是比較表面的現象。哈維爾在獄中沒有停止思考，他在腦海中研究社會制度的病灶所在，研究生命與存在的意義。他不斷地克服自己遠離人群的焦慮，把自己投入思考。思考信仰的性質、現代世界的非人化傾向、「生命秩序」和「死亡秩序」的戰爭，宗教狂熱的起源以及現代人無法規避的問題——責任與人的個性的性質與意義。

牢獄生活使得哈維爾能夠更貼近受壓迫、受迫害、被凌虐的人群。他比別人更清醒地看到自由的文化思潮對極權主義的衝擊是致命的。他不遺餘力地關懷、支持有理想的詩人與作家，呼籲維護創作的自由。他更進一步由自己喪失了的寫作的可能而指出：

> 創作是與自由相關的，兩者的喪失是相似的；大多數的時候我們並沒有直接地、實在地感受到對自由的總喪失，我們感受到的只是具體事物的缺失。

但是，事情過去了將近二十年，我們從這些信件中無法確切捕捉到那些缺失的具體情狀。哈維爾本人也不想提及，並不是那缺失仍然帶來痛楚而使他不忍回首。而是那缺失的巨大、瑣細以及說不清楚地無所不包，使得受害人多年之後，雖然日夜處在警醒中，仍然無法梳理清楚。

但是，頑強的哈維爾，始終沒有停止他的精神活動，在極窄小的生存空間裡，他的精神活動贏取了巨大的、無限的思考空間。我們透過一封封充滿思辨的信件，可以看到他怎樣將這些精神活動組成了、改變了，或顛覆了精神秩序，如同一條河的渦流雖然不能持久，但無可挽回地改變了河流，同時使那河流呈現出一種狀態。

今天，在地平線上，我們看到了那條波瀾壯闊的河的一部分，也看到了哈維爾單薄卻不容忽視的身影。

誠如朋霍費爾所言：

對於從思想和行為上探索世界而言，個人苦難是一把比幸運更有效的鑰匙。

但我衷心希望，戲劇家、作家哈維爾不曾失去寫作的自由，不曾背負苦難，不曾付出健康。我們不止是見到那條大河的出口，而且看到了她的全貌。

後記：二〇〇三年早春，臺北國際書展的主題館是捷克。生活在臺灣這塊土地上的華文讀者有了一個絕佳的窗口，可以清楚看到哈維爾和捷克作家們所坦露出的人文風景。

書　名：獄中書簡
作　者：Václav Havel
出版社：香港田園書屋
出版年代：1998

病榻旁唯一的普魯斯特

昨天的、西方的普魯斯特和今天的、東方的龔鵬程博士一樣為世人不讀書而煩心。在《閱讀的日子》這篇首次發表在一九〇七年三月二十日的《費加羅報》上的「隨筆」中，普魯斯特說，因為傳染病流行，「書籍便找到了它們的男女讀者」。因為一般來講，「人們無法出門訪客的時候，大家寧可在家裡接待客人而不是閱讀。」而在決定閱讀之前，大家依然在「試圖交談」，在打電話。直到無法出門，無法接待訪客，接線生又接不通電話，也就是大家都到了「走投無路」的時候，這才閉上嘴巴，打開書本。傳染病流行使這「走投無路」的日子來臨，大家不得已而讀起書來了。

我是一個與書生活在一起的人，客廳、書房之外，廚房和洗衣間裡也有小型書架，以備「不時之需」。但是，有那樣一種時候，無力撐持著坐在書桌前，讀書作筆記，無力仰靠在安樂椅中，膝上放一個金字塔形的閱讀枕，讀一陣，隨手寫兩張卡片。在真正「走投無路」的情形下，我只能聽從醫生的建議，上床去躺著，睡是睡不著的，大睜雙眼，手中無書，感覺時光白白流淌，又心痛不已。於是，除了腰痠、背痛、關節腫脹之外，又加沮喪和心痛，情形更加不堪。終於有一天，也就是六、七年前吧，我找到了一位好得不能再好的朋友，一生為哮喘所苦的普魯斯特。他的《追憶似水年華》，是一本可以時時放下，又可以時時拿起的書，追憶本身將歷史帶進生活，又使生活變得可以忍受，甚至有指望美麗如歷史。但是，還有更糟的時候，比方二〇〇一年的六月下旬到七月上旬這一段日子。坐在電腦前，「敲」鍵變成了「撫」鍵，因為指關節完全失去了它們應有的靈活。膝蓋上面已不敢放上一個小枕頭再加一本書。只好坐在床上，靠著呈六十度角的床頭櫃，在堅硬的櫻桃木和痛成碎片的背脊之間塞上兩個枕頭。空氣濕得要滴下水來。除濕機轟隆隆努力工作著，濕度卻似乎並沒有降低，至少手指仍然不聽使喚，翻動書頁在有些時段裡也幾乎變成了苦刑。

這種時候，床不再是一個補充體力的所在，床變成了一個小小的囚室，囚住了一顆躁動的心。再掙扎一番，在無法出門去看畫廊、博物館的情形下，連看一本畫冊的努力都不得不放棄的日子，我只好把床叫做「病榻」，而把那個寬敞的臥室看做病房了。

這種時候，我讀普魯斯特的隨筆。幼獅文化公司在多年前出過一個「隨筆系列」，其中有一本是《恍若月光》，是普魯斯特的隨筆，長長短短分成了三輯，第一輯裡遍布著「令人眩暈的幸福回憶」。第二輯多是由視覺、觸覺、聽覺、嗅覺而延伸出的內心獨白。第三輯卻和創作、思想多了些關聯。

在無法聚精會神細讀、精讀任何文字的「病榻」時光裡，稍有力氣，我會和普魯斯特一起欣賞「夏爾丹與林布蘭特」。夏爾丹筆下的「靜物」是有生命的，夏爾丹捕捉的美感持之久遠，帶著氣味，帶著表情，震動著，吸引著讀畫的人。夏爾丹在向人們「展示現實世界的同時」，把人們「引向美的海洋」。林布蘭特甚至「超越了現實」。光線在林布蘭特筆下成為一種力量，在白天使事物產生美感，在夜晚則使事物陷入神祕。光線大大強化和「改善了事物的存在方式」。

普魯斯特告訴我們：

創作的行為並非來自對創作法則的認識，而是來自一種不可思議、不知其然的力量。

他的文字，他的思想正如他對夏爾丹畫作的讚美一樣，在一間屋子裡，充滿了他人的平庸和自己的煩惱的屋子裡，那畫作猶如射入的一束光線，給每一樣東西賦予了光彩。普魯斯特的文字正如同那束光線一樣，射入一間充滿了平庸和煩惱的屋子，賦予每一樣東西以光彩，無論那事物多麼不堪回首，無論那事物牽連著多少痛苦，無論那事物多麼地接近死亡。

普魯斯特是智慧的，他也告訴我們，當我們完全接受了上述的真理的時候，我們並不能從這接受當中汲取任何力量。也就是說，我們不能有所希求。明白了，接受了一個真理，本身已是幸福，不能奢求其他。

那麼，什麼是我們可以依靠的呢？普魯斯特透過對一位「外祖母」的描述，告訴我們，智慧與情感，深邃無比的愛能使柔弱變為堅強，能在苟延殘喘中產生勃勃的生機。

於是，在病榻之上，在無能為力之中，與普魯斯特對話帶給我許許多多安慰和喜悅。我甚至覺得這些隨筆帶給我的幸福超過了他的小說的贈與。

他甚而說：「什麼東西也不會持久，連死亡也如是！」

於是，死亡不能阻止我們去接觸「名副其實的美」，因為我們的靈魂一定能在活著的時候，以其天真和單純去接受文學的、藝術的美好。

那是一種怎樣撼天動地的信念？

就在這樣的，溫暖的，舒緩的，涓涓滴滴的閱讀中，我一點點積蓄起力量，腦子裡又飄浮起新的嚮往。

也許，去看看高陽「隨手」寫就的那些「殘稿」吧，張大春不久之前完成了它，那也是一套極有興味的書，相信，從普魯斯特積聚起的力量可以翻得動《城邦暴力團》的書頁吧！

書　名：恍若月光
作　者：Marcel Proust
　　　　張小魯 譯
出版社：幼獅
出版年代：1994

關於蝕刻、浮水印和紙

世間沒有人比荷蘭畫家林布蘭特在銅版蝕刻（Etchings）方面擁有更偉大的成就和影響力。

紐約的 Dover 出版社在一九七七年就將當時已發現的林氏銅版蝕刻版畫三百九十九幅依 Adam Bartsch 一七九七年在維也納出版《林氏及其追隨者蝕刻版畫作品圖錄》時的編號系統出版了樸實無華的圖冊，熱愛這位畫家版畫作品的讀者有了這本圖冊，在世界各地不斷展出的蝕刻版畫中就不會迷路。這本圖冊多年前也在倫敦同步出版，據信，印數總在十多萬冊之譜。

那是一本圖典，也是一本工具書。

我喜歡林布蘭特的油畫作品，每去博物館，必去看望「老朋友」。聽說有專題展出，也必定在展期內勻出時間、飛去、奔去，不肯錯過。至於他的銅版蝕刻版畫，我也在尋覓中，不只是奔到各地去看展覽，也每每期待收藏一件，可以足不出戶地和林布蘭特的創作朝夕相伴。

二〇〇一年五月二十五日，在紐約西五十七街的 Arts Forum 終於看到了一批八幅蝕刻版畫，其中一幅風景畫是我多年來十二分心儀卻又只能遠望無法收藏的。這是編號 B 237 的那幅作品。雖然那一天，我已經在 Chelsea 和五十七街走得兩腿發軟，但我依然長久而專注地駐足畫前，不肯離去，直到畫廊主人告訴我，雖然版畫數量極其有限，但是我仍可以收藏這一幅，展期結束後，七月底，這幅作品將來到我家，和我們朝夕相伴。

和我一起看畫廊的畫家朋友親眼看到了我的「瘋狂」行為，她在五月底為畫展事返回高雄，高美館館長陳雪妮女士聽說我如此熱愛林布蘭特版畫，遂送了一冊圖錄給我。

這本圖冊漂洋過海，由朋友帶回紐約又寄來華府，時間已進入七月。這本書是為「林布蘭特蝕刻版畫展」而出版。這個展展出了海芬克．因洛本古宅博物館中米西奈斯典藏的林布蘭特蝕刻版畫，以及林布蘭特故居博物館典藏的林氏追隨者們的作品。一句話，這個展出來自林布蘭特的故鄉荷蘭，充滿了畫家家鄉人對他的熱愛和研究。

最要命的，是我發現，這個重要的展覽的展期是二〇〇一年四月二十八日至七月二十九日。而我，五月初曾在臺北停留過六天，我竟然錯過了這樣一個重要的展覽！在囂囂攘攘的臺北市，我沒有聽到有關這個展的隻言片語。高雄友人傳遞給我的多是經濟方面的警訊。沒有，完全沒有一星星關於這個展的訊息。

陳館長的隆情厚誼，使得我有了機會在西半球，在遙遠的華府補上這一課。這一本圖冊在未掀開內頁之前已經彌足珍貴了。

這本二百多頁的圖冊，印數只有五百，內涵卻極其豐富。

我們知道了高雄市市立美術館是經過兩年的努力，克服了無數障礙才得以成功展示這些珍貴的蝕刻版畫作品以及蝕刻銅版的。

我們更讀到了專文，瞭解到林布蘭特蝕刻版畫的最新研究成果。

「紙張研究基金會」的學者希歐・勞倫齊烏斯先生有三篇專論收錄其中，關於畫家的生平；關於蝕刻版畫的技法；關於版畫真偽問題的研究。

在《大英百科全書》裡，林布蘭特曾十分富有，後來因入不敷出而破產。現在，透過勞倫齊烏斯先生的分析研究，我們才確知，一六〇六年出生的林氏，跟著老師學畫的時間極短，在他剛滿十八歲的時候就懂得了一些經營之道，在他很快獨當一面成為專業畫家的時候，就懂得了人們對《聖經》故事的喜愛而以此為題材而訂單不斷。二十出頭，他不僅有錢，並且成為收藏家。命運之神轉過臉去的日子始於婚後，三個孩子夭折。一六四一年兒子終於誕生並存活，妻子卻撒手而去，自此，林氏個人的生活充滿了煎熬與憂煩。

在林氏尚未遷往阿姆斯特丹以前，在家鄉萊頓，他就創作出極為美麗的蝕刻版畫，且早早就懂得了紙的珍貴。十七世紀的歐洲，造紙的原料是破舊的亞麻布、帆布甚至繩索，要用大木槌將其搗成漿，人力是不夠的，水力推動大輪，帶動木槌，幾乎是唯一的方法，那時候，人們尚不懂得電力，所以，水力以及後來林氏逝世後荷蘭使用風力來搗紙漿，成為造紙必經手續，紙的昂貴也是自然而然的了。

為了省紙，也就是為了降低成本，林氏自己製作的版畫幾乎完全沒有邊。為了省紙，林氏將幾張版同時印在一張紙上，再來裁切，因此許多林氏親手印製的版畫沒有造紙者的商標——浮水印。而大一些的風景畫卻也為了同樣的理由而分成了小畫，後來的研究者們將其拼接發現了畫家心中的那個全景。

如此這般，林布蘭特依然債臺高築，一六五六年他破產了。五十年代，他的蝕刻作品數量驚人，人們苦苦思索，為什麼那段時間他的靈感如同天助，現在我們知道了，是債主們逼出來的。一六五七到一六五八年，林氏家產被拍賣。我相信，自此，開始了林氏最痛苦的歲月，他不得不和他的收藏告別了，他必然是寂寞的，也必然是憂傷的。

一六六〇年，他遷出了他的大宅，搬進一個小得多的房子。在那之前，有人存疑，何以一六五四年，一向多產的林氏沒有創作一幅油畫。原來那一年，老宅地基下沉，近鄰在房基下填土使整個房子昇高，林氏無力負擔施工費用只好維持原狀，滿坑滿谷的灰塵迫使林氏放下畫筆，不敢動用顏料長達一年，那一年他四十八歲，是一位畫家的黃金歲月吧？

林布蘭特破產搬家之後，他甚至可能失去了自己印製版畫的設備。最後四年，他沒有創作哪怕一幅蝕刻作品。現在，借重勞倫齊烏斯先生科學的分析研究我們可以想像，那個時候，身心俱疲的畫家再也無法將鋼針磨得很細很尖，他也很可能再也沒有力氣斜斜地握起鋼針，創作他心中的美景了。

今天，我們看這些充滿靈性的作品，我們無法從風景畫片上找到那個景緻，我們知道，作品裡充滿了畫家的嚮往，充滿了他的想像、他的情感。

那些銅版，珍貴的銅版，那些印製了十次之後就會因為粗糙孔緣的磨損而必須再次刻刮而進入下一個製版的銅版，有的，比如編號B179的〈義肢隊長〉一直用到一九〇六年才停止作版。有的，很早就不能用了。數年前，在一個市場上居然一下子出現了七十八個林氏蝕刻銅版！

無論怎樣，林布蘭特淒涼的人生，頑強而天才的創作以及創作中出現的無數迷陣使得他的追隨者們、研究者們前仆後繼，數百年來沒有停下過腳步。為了那些流暢的線條，為了那些神奇的明暗表現，為了畫家在作品中灌輸的靈魂的自由歌唱，收藏者們追尋著每一幅作品的每一次修改，每一次製版，以及運用歐洲或日本紙產生的不同結果，那些無法預估的神奇。

蝕刻延續著，蝕刻版畫如同股票一般在市場上翻雲覆雨。

我追逐著一個又一個公眾的、私人的收藏展示，只是要一次次感覺畫家跨越時空帶來的強烈感染力。

更多的時候，我捧讀一本本圖錄，其中自然少不得高美館的這本最新研究成果。

後記：把博物館、美術館「帶回家」的最簡單做法是把圖錄買下來，帶回家中，時常溫習。如此一來，「展期」隨時可以「延長」，心儀的藝術品以及相關資料可以不斷地給我們新的啟示。那個學習和探索的過程十分有趣而且永遠新鮮。

書　名：林布蘭特蝕刻版畫展
出版社：高美館
出版年代：2001

寫在寒冬（代跋）

暴風雪襲擊美國東部，二〇〇二年十二月十一日這一天，大雪之後又降冰雨，冰粒強勁擊打在被大雪覆蓋的大地上。

停電，馬里蘭州一萬七千戶斷電，維吉尼亞州近六千戶斷電。沒有電視、電腦、電傳；沒有電燈照明，室內溫度也因為斷電而一點點下降著。郵差先生在門鈴不響的情形下，用力捶打大門，送來了《與書同在》的校稿。

四十三篇讀書報告，四分之三來自專欄。專欄尚未結束的時候，三民書局編輯部已經有了「作者談讀書」的創意構想，決心引領讀者在如潮水般湧到的新書之中尋找選書、讀書、藏書的最佳途徑。以往，有關書的文字都是在一本本散文集中零星著，或是組成一小輯，閃閃爍爍的。這一次，整本書談的只是一件事：讀書。如此豪舉自然令愛書人雀躍。

校稿帶著室外的寒氣放在了書桌上，點上蠟燭，燭火搖曳，書稿被罩上了一層暖色。落地窗外，白雪皚皚，似乎正把有限的天光凝聚起來，反射出來，增加著書房的明亮。猛然省到，讀書在豐富心靈的諸般活動中，真正是最為經濟，最少耗費資源的。

四十三篇文字所談及的書遠遠不止這個數。再三核對書的版本、出版社、書影，以及所引書中文字的正確與否。

目光在成排的書架上遊走，這才發現，小小書房內，今天所要觸摸的書只是星星點點而已，心中的豐足之感連同對作者和出版人的感激之情迅速地使得整個空間溫暖起來。

由一本書邁向另一本書的時候，心裡又會記掛起第三、第四、第五本書。在猛地遠離了現代科技的短短數小時之內，書籍再一次展現其無可取代的魅力。

當二百多頁校稿全部細細推敲過之後，已是夜深。推門出去，星光之下，冰凌如水晶般在枝頭閃亮，化雪的聲音畢畢剝剝，好像小草們也要在這鼓聲中跳將起來，染綠大地。

寒冬之後，春天已經到了門前。文學，正像雪被下的勁草一般，必會帶給我們一個又一個姹紫嫣紅的春天。

於美東小鎮維也納

三民叢刊書目

①邁向已開發國家　孫　震著
②經濟發展啟示錄　于宗先著
③中國文學講話　王更生著
④紅樓夢新解　潘重規著
⑤紅樓夢新辨　潘重規著
⑥自由與權威　周陽山著
⑦勇往直前
・傳播經營札記　石永貴著
⑧細微的一炷香　劉紹銘著
⑨文與情　琦　君著
⑩在我們的時代　周志文著
⑪中央社的故事（上）
・民國二十一年至六十一年　周培敬著
⑫中央社的故事（下）
・民國二十一年至六十一年　周培敬著
⑬梭羅與中國　陳長房著
⑭時代邊緣之聲　龔鵬程著
⑮紅學六十年　潘重規著
⑯解咒與立法　勞思光著
⑰對不起，借過一下　水　晶著
⑱解體分裂的年代　楊　渡著
⑲德國在那裏？（政治、經濟）
・聯邦德國四十年　郭恆鈺、許琳菲等著
⑳德國在那裏？（文化、統一）
・聯邦德國四十年　郭恆鈺、許琳菲等著
㉑浮生九四
・雪林回憶錄　蘇雪林著
㉒海天集　莊信正著
㉓日本式心靈
・文化與社會散論　李永熾著
㉔臺灣文學風貌　李瑞騰著
㉕干儛集　黃翰荻著

㉖作家與作品　謝冰瑩著
㉗冰瑩書信　謝冰瑩著
㉘冰瑩遊記　謝冰瑩著
㉙冰瑩憶往　謝冰瑩著
㉚冰瑩懷舊　謝冰瑩著
㉛與世界文壇對話　鄭樹森著
㉜捉狂下的興嘆　南方朔著
㉝猶記風吹水上鱗
・錢穆與現代中國學術　余英時著
㉞形象與言語
・西方現代藝術評論文集　李明明著
㉟紅學論集　潘重規著
㊱憂鬱與狂熱　孫瑋芒著
㊲黃昏過客　沙　究著
㊳帶詩蹺課去　徐望雲著
㊴走出銅像國　龔鵬程著
㊵伴我半世紀的那把琴　鄧昌國著
㊶深層思考與思考深層　劉必榮著
・轉型期國際政治的觀察
㊷瞬　間　周志文著
㊸兩岸迷宮遊戲　楊　渡著
㊹德國問題與歐洲秩序　彭滂沱著
㊺文學關懷　李瑞騰著
㊻未能忘情　劉紹銘著
㊼發展路上艱難多　孫　震著
㊽胡適叢論　周質平著
㊾水與水神
・中國的民俗與人文　王孝廉著
㊿由英雄的人到人的泯滅
・法國當代文學論集　金恆杰著
51 重商主義的窘境　賴建誠著
52 中國文化與現代變遷　余英時著
53 橡溪雜拾　思　果著
54 統一後的德國　郭恆鈺主編
55 愛廬談文學　黃永武著
56 南十字星座　呂大明著
57 重疊的足跡　韓　秀著
58 書鄉長短調　黃碧端著

59 愛情・仇恨・政治
・漢姆雷特專論及其他　朱立民著

60 蝴蝶球傳奇
・真實與虛構　顏匯增著

61 文化啓示錄　南方朔著

62 日本這個國家　章　陸著

63 在沉寂與鼎沸之間　黃碧端著

64 民主與兩岸動向　余英時著

65 靈魂的按摩　劉紹銘著

66 迎向眾聲
・八〇年代臺灣文化情境觀察　向　陽著

67 蛻變中的臺灣經濟　于宗先著

68 從現代到當代　鄭樹森著

69 嚴肅的遊戲
・當代文藝訪談錄　楊錦郁著

70 甜鹹酸梅　向　明著

71 楓　香　黃國彬著

72 日本深層　齊　濤著

73 美麗的負荷　封德屏著

74 現代文明的隱者　周陽山著

75 煙火與噴泉　白　靈著

76 七十浮跡
・生活體驗與思考　項退結著

77 永恆的彩虹　小　民著

78 情繫一環　梁錫華著

79 遠山一抹　思　果著

80 尋找希望的星空　呂大明著

81 領養一株雲杉　黃文範著

82 浮世情懷　劉安諾著

83 天涯長青　趙淑俠著

84 文學札記　黃國彬著

85 訪草（第一卷）　陳冠學著

86 藍色的斷想
・孤獨者隨想錄　陳冠學著

87 追不回的永恆
A・B・C全卷　彭　歌著

88 紫水晶戒指　小　民著

89 心路的嬉逐　劉延湘著

⑨⓪ 情書外一章　韓　秀著
⑨① 情到深處　簡　宛著
⑨② 父女對話　陳冠學著
⑨③ 陳冲前傳　嚴歌苓著
⑨④ 面壁笑人類　祖　慰著
⑨⑤ 不老的詩心　夏鐵肩著
⑨⑥ 雲霧之國　合山　究著
⑨⑦ 北京城不是一天造成的　喜　樂著
⑨⑧ 兩城憶往　楊孔鑫著
⑨⑨ 詩情與俠骨　莊　因著
⑩⓪ 文化脈動　張　錯著
⑩① 桑樹下　繆天華著
⑩② 牛頓來訪　石家興著
⑩③ 深情回眸　鮑曉暉著
⑩④ 新詩補給站　渡　也著
⑩⑤ 鳳凰遊　李元洛著
⑩⑥ 文學人語　高大鵬著
⑩⑦ 養狗政治學　鄭赤琰著
⑩⑧ 烟　塵　姜　穆著
⑩⑨ 河　宴　鍾怡雯著
⑪⓪ 滬上春秋　章念馳著
⑪① 愛廬談心事　黃永武著
⑪② 吹不散的人影　高大鵬著
⑪③ 草鞋權貴　嚴歌苓著
⑪④ 是我們改變了世界　張　放著
⑪⑤ 夢裡有隻小小船　夏小舟著
⑪⑥ 狂歡與破碎　林幸謙著
⑪⑦ 哲學思考漫步　劉述先著
⑪⑧ 說　涼　水　晶著
⑪⑨ 紅樓鐘聲　王熙元著
⑫⓪ 寒冬聽天方夜譚　保　真著
⑫① 儒林新誌　周質平著
⑫② 流水無歸程　白　樺著
⑫③ 偷窺天國　劉紹銘著
⑫④ 倒淌河　嚴歌苓著
⑫⑤ 尋覓畫家步履　陳其茂著
⑫⑥ 古典與現實之間　杜正勝著
⑫⑦ 釣魚臺畔過客　彭　歌著

⑯⑤ 從張愛玲到林懷民　高全之著
⑯⑥ 莎士比亞識字不多?　陳冠學著
⑯⑦ 情思・情絲　龔　華著
⑯⑧ 說吧，房間　林　白著
⑯⑨ 自由鳥　鄭　義著
⑰⓪ 魚川讀詩　梅　新著
⑰① 好詩共欣賞　葉嘉瑩著
⑰② 永不磨滅的愛　楊秋生著
⑰③ 晴空星月　馬　遜著
⑰④ 風　景　韓　秀著
⑰⑤ 談歷史　話教學　張　元著
⑰⑥ 兩極紀實　位夢華著
⑰⑦ 遙遠的歌　夏小舟著
⑰⑧ 時間的通道　簡　宛著
⑰⑨ 燃燒的眼睛　簡　宛著
⑱⓪ 月兒彎彎照美洲　李靜平著
⑱① 愛廬談諺詩　黃永武著
⑱② 劉真傳　黃守誠著
⑱③ 天涯縱橫　位夢華著
⑱④ 新詩論　許世旭著
⑱⑤ 天　譴　張　放著
⑱⑥ 綠野仙蹤與中國　賴建誠著
⑱⑦ 標題飆題　馬西屏著
⑱⑧ 詩與情　黃永武著
⑱⑨ 鹿　夢　康正果著
⑲⓪ 蝴蝶涅槃　海　男著
⑲① 半洋隨筆　林培瑞著
⑲② 沈從文的文學世界　王繼志　陳　龍著
⑲③ 送一朵花給您　簡　宛著
⑲④ 波西米亞樓　嚴歌苓著
⑲⑤ 化妝時代　陳家橋著
⑲⑥ 寶島曼波　李靜平著
⑲⑦ 只要我和你　夏小舟著
⑲⑧ 銀色的玻璃人　海　男著
⑲⑨ 小歷史　林富士著
⑳⓪ 再回首　鄭寶娟著
⑳① 舊時月色　張堂錡著

- (202) 進化神話第一部・駁達爾文《物種起源》　陳冠學著
- (203) 大話小說　莊　因著
- (204) 人　禍　彭道誠著
- (205) 殘　片　董懿娜著
- (206) 陽雀王國　白　樺著
- (207) 懸崖之約　海　男著
- (208) 神交者說　虹　影著
- (209) 海天漫筆　莊　因著
- (210) 情悟，天地寬　張純瑛著
- (211) 誰家有女初養成　嚴歌苓著
- (212) 紙　銬　蕭　馬著
- (213) 八千里路雲和月　莊　因著
- (214) 拒絕與再造　沈　奇著
- (215) 冰河的超越　葉維廉著
- (216) 庚辰雕龍　簡宗梧著
- (217) 莊因詩畫　莊　因著
- (218) 換了頭抑或換了身體　張德寧著
- (219) 黥首之後　朱　暉著
- (220) 生命風景　張堂錡著
- (221) 在綠茵與鳥鳴之間　鄭寶娟著
- (222) 葉上花　董懿娜著
- (223) 與自己共舞　簡　宛著
- (224) 夕陽中的笛音　程明琤著
- (225) 零度疼痛　邱華棟著
- (226) 歲月留金　鮑曉暉著
- (227) 如果這是美國　陸以正著
- (228) 請到我的世界來　段瑞冬著
- (229) 6個女人的畫像　莫　非著
- (230) 也是感性　李靜平著

231
與阿波羅對話
韓秀　著

自遠方來，我在陽光的國度與阿波羅對話。秋日午後的愛琴海波光粼粼，反射生命的絕代風采。這裡是雅典，眾神的故鄉，世人的虛妄不過瞬眼，胸臆間卻永遠有激情在湧動。殿堂雖已頹圮，風起之際，永恆卻在我心中駐紮。

232
懷沙集
止庵　著

「樹欲靜而風不止，子欲養而親不待」作者將對逝去父親的感念輯成本書。其間除了父親晚年兩人對談的點滴外，亦不乏從日常不經意處，挖掘出文學、生活的真諦。作者樸實的文筆，在現代注重藻飾的文壇中像嚼蘿蔔，別有一股自然的餘味。

233
百寶丹
曾焰　著

百寶丹，東方國度的神奇靈藥，它到底有多神妙？身世坎坷的孤雛，如何在逆境中自立，成為濟世名醫？一部結合中國傳統藥理與鄉野傳奇故事的長篇小說，一段充滿中國西南邊疆民族絕代風情的動人篇章。

234
矽谷人生
夏小舟　著

生命流轉，人只能隨波逐流。細心體會、聆聽、審視才能品嘗出人生的況味。從中國到美國，從華盛頓到矽谷，傳統與現代，寧靜與繁華，作者以雋永的文筆，交織出大城市裡小人物不平凡的際遇和生活中發人省思的啟示，引領讀者品味異國人生。

235

夏志清的人文世界

殷志鵬　著

在自己的婚禮上，會說出「下次結婚再到這地來」的，大概只有夏志清吧！這位不在洋人面前低頭的夏教授，以其堅實的學術專業，將現代中國小說推向西方文學的殿堂，他蓄滿對生命的熱情，打了兩次精采的筆仗……快跟著我們一起走入他的人文世界吧！

236

文學的現代記憶

張新穎　著

五〇年代的臺港兩地，在自由風氣的帶動下，中外文學相互影響，激起了一連串美麗的浪花；或許你我置身其中，而無法全然地欣賞到這場美景，亦或未能躬逢這場盛宴，作者以局外人的角度，用精鍊的筆法為文十篇，細數這場文學史的發展。

237

女人笑著扣分數

馬瑩君　著

這是一本愛情的「解語書」，告訴您女人為何笑著扣分數。馬盈君，一位溫柔敦厚的作者，以她理性感性兼至的筆觸，探討愛情這一亙古的命題。在芸芸眾生中，為我們解剖女人內心最深處的想法，及男人的愛情語碼，帶領我們找到千古遇合的靈魂伴侶。

238

文學的聲音

孫康宜　著

聲音和文字是人們傳情達意的主要媒介，然而聲音已與時俱逝；動人的詩篇卻擲地有聲，如空谷迴響，經一再的傳唱，激盪於千古之下。本書作者堅持追尋文學的夢想，用心聆聽、捕捉文學的聲音，穿越時空的隔閡與古人旦暮相遇。

239

一個人的城市

黃中俊　著

重慶的山水、上海的學府、北京的藝室、深圳的商海……作者清雅的文字，記載生活脈絡裡的悲喜哀樂，其中又埋藏著時代進步的兩難，讓人耳目一新。在個人的愁緒裡瀰漫著文化變遷的滄桑感，讀這樣的書寫，彷彿能聞到人生跋涉的新泥芳香……

240

詩來詩往

向　明　著

逐著詩人的腳步，涵泳沉籍於文學溫厚勃鬱、神氣騰揚的繽紛世界中。軼事掌故精采而韻味無窮；文學批評深刻真摯而不尖削；作品剖析使人縱情浪漫綺想中幾欲漫滅……在古典與現代、東方與西方、批評及作品間交顯的文學，本書讓您一網打盡。

241

過門相呼

黃光男　著

敏感於事物變幻的旅者，洋溢著詩情的才華，細心捕捉歷史上的古拙韻味，透析了社會發展的步履，讓人宛如置身於包羅萬有的博物館裡。如果你厭倦了匆忙的塵囂，請翻開此書，讓典雅的文句浮載你到遠方，懷擁「過門更相呼，有酒斟酌之」的情境。

242

孤島張愛玲

蘇偉貞　著

張愛玲整個的生命就是從一座孤島到另一座孤島的漂流。在上海到美國之間，張愛玲在香港這座孤島的創作，承續了大陸時期最鼎盛的創作力道，是轉型到美國時期的過渡階段。藉由作者鍥而不捨的追索，為您剖析張愛玲這段時期小說的意涵及影響。

243
何其平凡
何凡 著

還記得那段玻璃墊上的日子嗎?在聯合報連續撰寫專欄逾三十年,當代臺灣最資深的專欄作家——何凡,以九十一歲的高齡,將這十年間陸續發表的文章集結成這本書。謙虛的他取其筆名的寓意,將這本小書命名為「何其平凡」,獻給品味不凡的——您。

244
近代人物與思潮
周質平 著

作者任教於美國普林斯頓大學東亞系,專研近代中國與胡適研究。書中篇章有民初民族主義澎湃的載道文學與林語堂性靈小品的對比,有美國九一一之後愛國主義與言論自由爭論的首尾起承……。在他筆下,近代人物與思潮,將如繪歷現於讀者面前。

245
孤蓬寫真
陳祖耀 著

在動亂的時代,未來二個字是無法寫落的,如風揚起的孤蓬,一任西東!是宿命的悲劇,作者生長在這樣的大時代,從逃土匪、抗日、剿共到大陸變色,隻身撇奔來臺,在無依的土地上,努力發芽、成長,至今巍然成蔭。其中酸甜鹹苦,請聽他娓娓道來……

246
史記的人物世界
林聰舜 著

兩千年前,司馬遷以絕妙的文才將人物的個別性典型化,同時在《史記》中蘊含許多別具創見的思想。今天,本書運用簡鍊的文字,重新演繹司馬遷筆下的人物,深入探究其文字下所寓含的真義,揭開《史記》的面紗,將帶我們一窺《史記》人物世界的堂奧。

247

美女大國

鄭寶娟　著

「美女本身就是個族裔，不管她來自哪個民族、哪個國家、哪個文化，美女這個族裔是獨立存在的，她們之間共有一套行為語碼……」一向冷眼觀察事物的鄭寶娟，這次將焦點放到「美女」上，有了如此的陳述，您還想知道更多知性的她對美女的更多看法嗎？

248

南十字星下的月色

張至璋　著

兩百多年前，英國人靠著南十字星的指引，來到澳洲這個最古老的大陸。兩百年後，華人從世界各地，移居到這個心目中的天堂。張至璋善於觀察人間世相，發現每個移民背後都有一根針！並以此為背景，為讀者道出移民背後的辛酸與省思！

249

尋求飛翔的本質

孟昌明　著

因為莫札特，我們得以聆聽天籟；因為梵谷，我們才能在星夜與麥田間感受生命。孟昌明以一個藝術學子的真誠，將鍾愛的藝術帶下神壇，拂去塵埃，還給讀者，還給生活。只因真正偉大的藝術家，不但是天上的星辰，自然的驕子，更應該是你我的朋友。

250

紅紗燈

琦君　著

在琦君的記憶中，懸掛著一盞外祖父親手為她糊的紅紗燈。無論哀傷或歡樂，似乎化在一片溫馨的燈暈裡，如今更轉作力量，給予她無限的信心與毅力。因為這紮紮實實的希望，引領著她邁步向前。敬邀同樣無法忘情舊事的你，一同進入搖曳燈的燈暈之下。

251

裂變

彭道誠　著

什麼年代了還有人寫章回小說？是的，繼《人禍》之後，著名的大陸劇作家彭道誠先生，接續前次未講完的太平天國故事，再度展現其說書人的本領，將故事的主線，浮動在歷史與小說之際，遊戲於寫實與迷幻之間，賦予章回小說新的魅力，推薦給愛看故事的您。

252

靜寂與哀愁

陳景容　著

去過國家音樂廳嗎？您可曾注意到大廳裡那幅臺灣少見的大型濕壁畫？畫家陳景容為您細數過去重要作品的點點滴滴，不論是前述的濕壁畫、門諾醫院的嵌畫或是平日創作的版畫、油畫、彩瓷畫等，彷彿讓您親臨創作現場，一同見證藝術的誕生。

253

與書同在

韓秀　著

臺灣一年有多少本書面世呢？三——○○○○以上，沒錯！四個零。面對書山書海，您是否有不知該如何選書的困擾？與書生活在一起的作家韓秀，提供給愛書朋友們一份私房閱讀書單，帶領讀者超越時空的藩籬，進入書的世界裡。

254

用心生活

簡宛　著

生活之於你，是否已如喝一杯無味的水，只是吞嚥，激不起大腦任何感動？有人卻不如此。簡宛以一顆平實真摯的心，不斷地於生活中挖掘出新的滋味，記錄她對朋友的關懷，旅途上的見聞感想，對世事的領悟與真情的感動，與您分享。

255
食字癖者的札記
袁瓊瓊 著

當您闔上這本書前，眼角餘光還會掃到這一小塊文字，恭喜！您罹患了一種精神官能症——「食字癖」。發作初期會對文學莫名其妙地熱中，到了末期，則有不讀書會死的焦慮。此病無藥可醫，只能以無止盡的閱讀緩解症狀。這本書提供末期的您，啃食。

256
扛一棵樹回家
洪淑苓 著

扛一棵樹回家，樹上掛滿溫馨、真情流露的細細呵護。品味洪淑苓的散文，總讓心裡不自覺泛起美好的漣漪，童年、親情、愛情與生活點滴在她筆下靈思妙舞，宛若一幕幕饒富意涵的風景翩然迎來，動人心懷。

257
他鄉生白髮
孫 震 著

「他鄉生白髮，舊國見青山」，所見的不只是天地悠悠，更有生命的尋思與豁然。本書是作者在經濟學專論之外少見的散文選輯，談人生點滴，敘還鄉情怯，言師友交誼，以鬓上青春的墨色，留下扉間歲月的字跡。

258
私閱讀
蘇偉貞 著

私之閱讀，閱讀之思。寫書、讀書、評書，與書生活在一起的「讀書人」——蘇偉貞，以獨特的觀點，在茫茫書海中取一瓢飲，提供您私房「讀」品，帶您窺伺文字與靈思的私密花園。

259
西遊記與中國古代政治
薩孟武　著

優秀的學者總能從耳熟能詳的故事中闡述道理，薩先生正是這樣的學者。他從西遊記裡摘一些段子，說明政治的原理及中國古代政治現象。如唐僧用緊箍兒控制孫行者，可說明政治的「力」，必須用「法」制衡。至於其他的妙喻，就賴您自己看了。

260
臺灣現代詩筆記
張默　著

詩者，思也。詩之筆記，討論的是與詩有關的思想，記述的是與詩伴生的思緒。作者為當代臺灣詩壇巨擘，寫詩、論詩、評詩自有大家風範，尤其書中詳實的史料與中肯的析論，更是研究臺灣現代詩者不可或缺的參考。

261
溥言雜憶
裴普賢　著

亦師亦友，夫唱婦隨的糜文開與裴普賢教授，共創詩經研究和譯介印度文學的錦天繡地，他們是如何相識相知的？還有那豐富多彩的求學生涯，驚險難忘的逃難歷程，以及任教臺大近半世紀的點滴回憶……且聽裴教授娓娓道來，一同感受其中的甘苦溫馨。

262
禪與老莊
吳怡　著

「本來無一物，何處惹塵埃？」由慧能開創出來的中國禪宗，實已脫離印度禪的系統，成為中國人特有的佛學。本書以客觀的方法，指出中國禪和印度禪的不同，並且正本清源，闡明禪和老莊的關係，強調禪是中國思想的結晶，還給禪學一個本來面目。

263

在心集

彭歌 著

人生波動、國家治亂、世界安危，總其根源，都在人心。王勃有謂：「老當益壯，寧移白首之心，窮且益堅，不墜青雲之志。」正是懷著這種純情丹心，作者細緻地寫下了心中的點滴，有文學評析、歷史反省，更有人物介紹及思想的澄清，足是一本用心之作。

國家圖書館出版品預行編目資料

與書同在／韓秀著.－－初版一刷.－－臺北市；三民，2003
面；　公分.－－(三民叢刊. 253)
ISBN 957-14-3702-6　(平裝)

1. 書評

011.69　　　　91024084

網路書店位址　http://www.sanmin.com.tw

著作人　韓　秀
發行人　劉振強
著作財產權人　三民書局股份有限公司
臺北市復興北路386號
發行所　三民書局股份有限公司
地址／臺北市復興北路386號
電話／(02)25006600
郵撥／0009998-5
印刷所　三民書局股份有限公司
門市部　復北店／臺北市復興北路386號
重南店／臺北市重慶南路一段61號
初版一刷　2003年2月
編　號　S 81107
基本定價　參元貳角
行政院新聞局登記證局版臺業字第〇二〇〇號

ISBN　957-14-3702-6　(平裝)